# JUSTO L. GONZÁLEZ

# CULTO, CULTURA Y CULTIVO
## APUNTES TEOLÓGICOS EN TORNO A LAS CULTURAS

Ediciones **PUMA**

**CULTO, CULTURA Y CULTIVO**
*Apuntes teológicos en torno a las culturas*
Justo L. González

**Derechos de autor:**
© Centro de Investigaciones y Publicaciones (CENIP) – Ediciones Puma, 2008
Hecho el Depósito Legal en la Biblioteca Nacional del Perú N° 2008-11299
ISBN N° 978-9972-701-49-8
Primera edición, setiembre 2008
Tiraje: 1000 ejemplares

**Editado por:**
© Centro de Investigaciones y Publicaciones (CENIP) – Ediciones Puma
Av. Arnaldo Márquez 855, Jesús María, Lima – Perú
Telf.: (511) 330-3480
Telf./Fax: (511) 423-2772
E-mail: puma@cenip.org
puma@infonegocio.net.pe
Ediciones Puma es un programa del Centro de Investigaciones y Publicaciones (CENIP)

Instituto Bíblico de Lima
Jr. Nazca 148, Jesús María, Lima – Perú
Telf.: (511) 424-6955

Diseño de carátula: Adilson Proc
Diagramación: Hansel J. Huaynate

Reservados todos los derechos
All rights reserved
Prohibida la reproducción total o parcial sin la autorización de los editores

Salvo cuando se indique expresamente otra versión, las citas bíblicas corresponden a la Nueva Versión Internacional (NVI)

Impreso en el Perú
Printed in Peru

# CONTENIDO

Prólogo ................................................... 5
Prefacio .................................................. 17
*Capítulo 1* Fe y cultura ................................. 19
*Capítulo 2* Cultura y creación ........................... 37
*Capítulo 3* Cultura y pecado ............................. 61
*Capítulo 4* Cultura y diversidad ......................... 77
*Capítulo 5* Cultura y evangelio .......................... 93
*Capítulo 6* Cultura y misión ............................. 117
*Capítulo 7* Culto y cultura .............................. 131

# PRÓLOGO

Prologar un libro es, en cierto modo, presentar a su autor. Si esto es así, entonces un prólogo a este libro resulta innecesario, ya que el doctor González es ampliamente conocido en el mundo académico y eclesiástico. Sus obras en torno a la historia de la iglesia cristiana hablan por sí mismas.

Considero, sin embargo, un privilegio el haber sido invitado a prologar el presente libro, ya que mi relación con el doctor González se remonta a muchos años atrás, aun cuando ésta ha sido un tanto intermitente. Es mucho el tiempo transcurrido desde nuestro primer encuentro, y varias las ocasiones en que nuestros respectivos senderos han coincidido; de modo que agradezco y aprovecho la oportunidad que se me brinda de aventurar algunos comentarios al presente volumen, ya que esto me permite agregar un breve recuento de nuestra relación.

Conocí al doctor Justo L. González, "Justito" para los amigos, en la primavera de 1968, en la ciudad de New Haven. Las Sociedades Bíblicas Unidas habían iniciado la traducción del Antiguo Testamento en versión popular, y el doctor Eugene Nida me había pedido entrevistarme con Justito, que en aquellos días estaba terminando sus estudios de doctorado en la Universidad de Yale. Aún recuerdo su rostro, siempre afable, a la tenue luz de una lámpara de mesa atiborrada de libros. Algunos días antes tuve el privilegio de conocer en Nueva York a su hermano Jorge, destacado erudito y profesor de Antiguo Testamento en Berry College, Atlanta. Los dos hermanos González habrían de contribuir a la versión popular con los primeros borradores de Jueces y los Profetas Menores. Ése fue nuestro primer contacto.

Años después nos reencontramos en la Comunidad Teológica de México con motivo de la inauguración de su biblioteca, donde el orador invitado fue el doctor González. En esa ocasión fue la primera vez que escuché un discurso suyo, pues en los años que colaboramos en la traducción de la Biblia sólo intercambiábamos correspondencia o conversábamos en la mesa de trabajo durante nuestras reuniones de comité. Debí sospecharlo, pero confieso que quedé impresionado con su detallado recorrido histórico de las bibliotecas, comenzando por la proverbial biblioteca de Alejandría y concluyendo con la que ese día se inauguraba.

Los últimos años del siglo pasado nos volvimos a encontrar, cuando el doctor González me invitó a participar en un ambicioso proyecto, pues me invitó a comentar el libro de Proverbios para la serie del Comentario Bíblico Hispanoamericano. Esto nos permitió volver a intercambiar correspondencia, al tiempo que pude aprovechar sus atinados consejos.

Ahora, gracias a la publicación de este libro, nuestros senderos vuelven a cruzarse. Conociendo como conozco al doctor González, y sabiendo como sé de sus vastos conocimientos, acepté prologar su libro no sólo por razones de amistad sino también porque el tema me es afín y apasionante. Debo decir que hablamos "dialectos" diferentes, pero ciertamente tenemos una preocupación común: la relación entre la cultura y la fe cristiana. El cristianismo ya hizo bastante teología. Es oportuno y pertinente, a la vez que reconfortante, ver que cristianos de la talla del doctor González proponen dialogar con la antropología. Entremos, pues, en materia.

## Prólogo

Los siete capítulos que integran esta obra fueron presentados en una serie de conferencias dictadas por el doctor González en el Instituto Bíblico de Lima, y dan expresión a su temprana preocupación personal, que aún le acompaña, en cuanto a "la relación entre cristianismo y cultura", vista desde la perspectiva de su propia experiencia como cristiano evangélico en la Cuba de los años 1940-1950. Dice el autor, como también podrían decirlo no pocos cristianos evangélicos, que allá «[...] se daba a entender que nuestra cultura era por definición católica romana», mientras que el protestantismo era visto como instrumento del imperialismo yanqui.

En la búsqueda por su identidad como protestante latinoamericano, el autor no recata su temprana admiración por el libro de Fréderic Hoffet, *Imperialismo protestante*, que le mostraba la otra cara del protestantismo, ya que en dicho libro, por un lado ponía a los países católicos, y por el otro protestantes. Mientras que en los primeros —comenta— podía verse «El analfabetismo, los nacimientos ilegítimos, las enfermedades venéreas, el subdesarrollo económico, la mortalidad infantil, las desigualdades sociales [...]», en los otros era patente «un alto nivel de educación y longevidad, lo mismo que mayores oportunidades de empleo, los que a la larga redundaban en niveles de ingresos más altos».

En un breve pero bien informado repaso histórico, y sin interés de polemizar, el autor —que es, fundamentalmente, historiador— hace notar otro aspecto digno de atención entre el catolicismo de los siglos XVIII y XIX, y el naciente protestantismo latinoamericano. «En cierto sentido» —dice el autor— «era todo eso lo que estaba tras el libro de Hoffet, que tanto nos gustaba a mis correligionarios y a mí». Mientras que, por un lado las nuevas repúblicas proclamaban el derecho del individuo a tener sus propias opiniones y convicciones, a escoger y evaluar sus lecturas, y a actuar en conformidad con su propia conciencia, lo cual, sin duda, era resultado directo del espíritu de la Reforma Protestante y del humanismo de los dos siglos anteriores, la Iglesia Católica, por otra parte, parecía replegarse en sí misma y en sus tradiciones ancestrales. Cita el autor el caso específico del Papa Pío IX, que en 1854 promulgó el Sílabo de errores, en el cual quedaban señalados: «[...] el Estado secular, el derecho al libre juicio, la educación pública bajo el control del Estado [...]», y otras manifestaciones semejantes que resultaban aberrantes a los ojos de la iglesia mayoritaria. No sólo esto, sino que también instituyó, durante el Primer Concilio Vaticano, el dogma de la infalibilidad papal. Al respecto, dice el autor:

> Por ello, frecuentemente les señalábamos a nuestros compañeros católicos que en nuestras iglesias se practicaban principios democráticos, que en nuestras iglesias cualquiera podía hablar, que todos leíamos la Biblia y llegábamos a nuestras propias conclusiones. En nuestras iglesias celebrábamos el culto en nuestra propia lengua, y no en latín, de modo que todos pudieran entender lo que se decía, y en ellas no se le prohibía a nadie leer lo que quisiera.

Como historiador, el autor ve en esto algo más que diferencias de percepción y manifestación religiosa. Nos dice que la relación entre cristianismo y cultura debe verse siempre dentro de un contexto histórico. Una sana visión de la historia puede ayudarnos a entender que es posible ser evangélico y al mismo tiempo latinoamericano, del mismo modo que históricamente el cristianismo fue griego, romano y anglosajón. Esta realidad histórica nos muestra que el mensaje del Evangelio no es exclusivo de una cultura en particular, sino que, siendo de carácter universal, puede y debe vivirse en la particularidad de cada cultura específica. Claro que no escapa a la realidad el hecho de que quienes proclaman el Evangelio en una cultura distinta a la suya inevitablemente lo harán desde la perspectiva de su propia cultura. Y aunque reconoce que esto es inevitable, señala dos procesos que se dan en todo fenómeno de contacto cultural, a saber, la aculturación y la enculturación (seguramente ha querido decir inculturación). Define a la primera como «lo que intentan hacer los buenos misioneros» cuando buscan adaptarse a la cultura receptora, primeramente mediante el aprendizaje del idioma de aquellos a quienes pretenden evangelizar, y luego al adaptarse a los nuevos usos y costumbres. La enculturación, por otra parte, es la asimilación o apropiación del evangelio por parte de la comunidad evangelizada, que «comienza a interpretarlo y vivirlo dentro de sus patrones culturales, y no ya dentro de los patrones del misionero».

Aunque interesado en la cultura, el autor declara expresamente que no pretende hacer antropología sino teología. Con este propósito en mente, y en su peculiar estilo, hace un ameno e interesante recorrido por la historia del lenguaje para establecer la relación lingüística y cultural entre culto, cultura y cultivo, conceptos en torno a los cuales giran sus reflexiones. Esto, que podría parecer un mero juego de palabras, resulta un singular ejercicio hermenéutico, en el que se entrelazan la lingüística histórica, el sentimiento religioso presente en toda cultura, y la exégesis bíblica.

Muy sugestiva resulta su visión de los primeros relatos del Génesis y del segundo capítulo del libro de los Hechos, lo mismo que su concepto de mayordomía, elegantemente fundamentado a partir de las lenguas bíblicas.

Sin embargo, y aunque su interés primordial es de carácter teológico, resulta interesante ver que sus amplios conocimientos de la historia, del lenguaje y de la cultura lo llevan, al parecer sin pretenderlo, a hacer antropología, pues en sus exposiciones hay una clara noción de la cultura en general, y de las culturas en particular, como fenómeno eminentemente humano. Su formación de historiador lo lleva a observar el devenir de la historia como un constante e inevitable contacto cultural, no siempre en los mejores términos, puesto que la cultura y el lenguaje van siempre de la mano con el contacto cultural y en consecuencia se produce el contacto lingüístico. Es así como, en un rápido vistazo a la historia de nuestra lengua española, nos recuerda las diferentes vertientes lingüísticas que, de una u otra manera, contribuyeron al enriquecimiento de nuestro acervo lingüístico y cultural.

Pero en el libro hay mucho más. Sin hacer referencia a las fuentes sociolingüísticas de nuestros días, el autor da varios ejemplos de la estratificación social del lenguaje. Señalo dos. En el caso de nuestra lengua, el autor alude a la relación asimétrica que aún experimentamos en nuestras relaciones sociales de todos los días, y que es posible detectar en el uso pronominal de segunda persona, es decir, en nuestra alternancia diaria entre tú y usted, hecho que a partir del estudio seminal de Brown y Gilman, los pronombres de poder y de solidaridad, se ha venido estudiando más y más. El otro caso se relaciona con los términos culinarios que se dan en la lengua anglosajona como resultado del dominio normando en Inglaterra. Lo mismo podría decirse de nuestra lengua española, ya que en ella están presentes varias lenguas así como el árabe, o de la tendencia actual, no siempre exitosa, que busca desarrollar un lenguaje inclusivo. De estos aspectos sociolingüísticos el autor da innumerables ejemplos, muy consciente de la arbitrariedad del signo lingüístico, aun cuando deja de ser arbitrario al ser aceptado por la comunidad hablante.

Al referirse a la alternancia pronominal tú-usted, el autor parece evocar a Franz Boas cuando dice que «esto es índice de que en nuestra cultura se entiende que hay dos niveles esenciales de familiaridad, de respeto y de autoridad». Sin embargo, más adelante, parece inclinarse a favor de la visión de Edward Sapir, al afirmar que «el idioma es también reflejo y molde de la cultura que expresa». Ambas perspectivas son válidas, pues una no excluye a la otra, pero considero pertinente señalar esto, ya que revela los profundos conocimientos que posee el autor acerca del lenguaje y de la cultura.

Lenguaje y cultura son dos fenómenos de carácter universal que se manifiestan de manera específica en las diferentes lenguas y culturas, las cuales pueden considerarse mundos en sí mismos. Pero la historia muestra que, en algún momento, tuvo lugar lo que se conoce como contacto cultural y lingüístico. Una vez que ocurre esto, resulta inevitable el cambio lingüístico y cultural. En el caso que ocupa y preocupa al autor, este tipo de cambio tuvo lugar en el primer siglo de nuestra era con el surgimiento del cristianismo, y ocurrió también en los años de la Reforma Protestante, como también con el movimiento misionero que dio origen al protestantismo latinoamericano, para citar sólo unos cuantos casos bien conocidos. Y es la cultura o la lengua dominante la que siempre se muestra renuente a reconocer la existencia de las nuevas lenguas o nuevas culturas. Esto, naturalmente, entiende el autor, ya que en algún momento dice:

[...] Pentecostés, al tiempo de crear unidad, no crea uniformidad, pues lo que allí sucede es que el evangelio se predica y se encarna en una multitud de lenguas y culturas.

Podría comprenderse mejor la visión del autor si, por un lado, se recurriera a la noción de culturas y subculturas, y por otro a la de lenguas y dialectos. Entendida la cultura como «ese todo complejo» del ser y hacer de un grupo humano determinado, las subculturas vendrían a ser las diferentes manifestaciones de ese grupo (unos pescan, otros cazan y otros tejen) y esto dentro del todo de una cultura general. Y en el aspecto lingüístico, el idioma es el sistema comunicativo común de un grupo humano, con una gramática común, que no obstante, le permite desarrollar variantes propias de algún sector, o sectores, de esa comunidad lingüística. Si entendemos el fenómeno religioso llamado cristianismo como una cultura, "la cultura cristiana", entonces las diferentes manifestaciones cristianas podrían verse como subculturas cristianas. De igual manera, si se viera el mensaje cristiano como una lengua, "la lengua cristiana", las diferentes expresiones cristianas vendrían a ser dialectos de una misma lengua: "la lengua cristiana". Ejemplos de estas variantes culturales y lingüísticas pueden verse y oírse en los distintos países hispanohablantes, donde unos "hablan", otros "charlan", otros más "conversan", y otros "platican", y donde en el campo religioso unos "oran" y otros "rezan", pero todos se identifican como hablantes de una sola lengua que llamamos español. O, para decirlo en los términos del autor: «La multiplicidad de culturas en la iglesia, lejos de amenazar su fidelidad, la posibilita».

Ciertamente, el asunto es un poco más complejo, porque la visión evangélica del cristianismo no es concebible sin ese elemento *sine qua non* llamado evangelización. Y es en las fronteras de ese vasto territorio donde se da un contacto lingüístico y cultural con tintes de colisión. Al respecto, dice el autor: «Cada vez que el mensaje del Evangelio atraviesa una frontera, cada vez que echa raíces en una nueva población, cada vez que se predica en un nuevo idioma, se plantea una vez más la cuestión de la fe y la cultura». Y añade:

> No se trata ya solamente de ser evangélicos en una cultura católica. Se trata [...] de cómo ser cristianos evangélicos en las nuevas culturas en donde el creciente impulso misionero latinoamericano está llevando nuestra fe [...] de cómo ser cristianos evangélicos en una cultura que va variando, que se va haciendo cada vez menos monolítica y menos católica. Y [...] de cómo ser cristianos evangélicos cuando [...] el enorme contraste entre el catolicismo y el protestantismo que existía [...] va también perdiendo sus aristas (algo que es una realidad a partir del Segundo Concilio Vaticano, y a pesar de evidentes movimientos retardatorios y hasta retrógradas).

Invita entonces a sus lectores, a «hacer teología» mediante la investigación. «Pero hacerla» —aclara— «[...] a nuestra manera, dentro de nuestros términos, y con pertinencia para los desafíos a que nos enfrentamos».

Aunque expresamente el autor declara que su interés es teológico, no puede evitar incursionar en la antropología, ya que ésta se relaciona con el fenómeno humano en su totalidad. Entonces dice: «El desafío a que hoy nos enfrentamos consiste en entender correcta y teológicamente qué es eso de la cultura, y cuál es la relación de la iglesia con la cultura, porque sólo así podremos entendernos a nosotros mismos y nuestra misión». Pasa entonces a definir la cultura como «[...] el modo en que un grupo humano cualquiera se relaciona entre sí y con el ambiente circundante». Da entonces un ejemplo bastante gráfico:

> Para tener cultura [...] basta con ser humano, pues no se puede ser humano sin cultura. Así entendida, es la herencia común de todo grupo social. Es la cultura la que nos enseña cómo sembrar el maíz, hilar algodón, cocinar la carne; en fin, cómo vivir en el ambiente en que vivimos, y con los recursos de ese ambiente.

Aunque en lenguaje religioso, al hablar de la relación entre culto y cultura, el autor incursiona en el campo del rito y, en consecuencia, del mito que lo origina. Al respecto dice:

> Si la cultura se relaciona con el cultivo porque es el modo en que un grupo social se enfrenta a los retos y oportunidades de su ambiente, se relaciona también con el culto porque es el modo en que ese mismo grupo social interpreta y le da sentido a la vida y al mundo [...] como cultivo, la cultura se enfrenta al medio ambiente; como culto, lo interpreta y le da sentido [...]. Y así el cultivo del maíz, y toda la sabiduría que ese cultivo encierra, atribuye en nuestras culturas ancestrales a los mismos dioses que nos dieron la vida.

Halla entonces el autor una elegante comprensión del culto cristiano en su singular interpretación de los dos ritos más sobresalientes del cristianismo, a saber, el bautismo y la comunión, o Santa Cena. El primero, que se realiza con agua, como símbolo innegable de lo natural, dado por Dios; y, la segunda, que se realiza con pan y vino, como símbolo del cultivo de la tierra, como clara expresión cultural con significado cúltico. Esto demuestra que una visión empírica del culto cristiano puede conducir a una hermenéutica menos especulativa y más contundente.

Siendo que esto es un prólogo y no una reseña. No debo retardar el encuentro del lector con el profundo pensamiento del doctor González. Sin embargo, no quisiera terminar estos apuntes sin antes recordar al eminente cristiano Alberto Rembao, a quien el autor cita en un principio y llama "iconoclasta", más como halago que como crítica (¡o tal vez como una invitación tácita a sus lectores a emular tal iconoclastía!). Es menester recordar a Rembao porque, como reconoce el autor, a este pensador «[...] no se le conoce mucho hoy en nuestra América». Sin embargo, en la búsqueda de su identidad, el cristianismo evangélico (yo preferiría protestante) haría bien en rescatar el pensamiento de Rembao, orgullo del protestantismo mexicano y latinoamericano. Tal rescate ha sido iniciado ya por el estudioso mexicano Carlos Mondragón, en su libro *Leudar la masa. El pensamiento social de los protestantes en América Latina (1920-1950)*. En alguna parte de su libro, Mondragón cita el Discurso [de Rembao] a la nación evangélica:

> Hay en el protestantismo un común denominador de cultura laica y libertad democrática que lo "desajoniza", que lo hace universal; porque de verdad es universal; porque florece primero entre sajones por motivos accidentales; bien pudo haber surgido en España, y estuvo a punto de hacerlo a través de los místicos del Siglo de Oro [...]. El protestantismo es, antes que todo, espíritu; espíritu que se exprime de acuerdo con los vasos particulares que lo contienen.

Estas palabras coinciden con la postura del doctor González, quien concluye sus conferencias con una visión que evoca al autor del Apocalipsis:

Lo que esperamos quienes creemos en Jesucristo no es el día en que desaparezcan las distinciones culturales, ni las diversas lenguas, ni los pueblos o las naciones, sino el día en que todos juntos —naciones, tribus, pueblos y lenguas— podamos cantar las alabanzas del que está sentado sobre el trono, y del Cordero.

ALFREDO TEPOX VARELA
Valle Dorado, México

# PREFACIO

Muy honrado me sentí cuando se me invitó a iniciar la Cátedra John Ritchie, en el Instituto Bíblico de Lima. Y más honrado me siento ahora, al poder ofrecer algo de mis meditaciones y consideraciones de entonces a un público lector más amplio.

Por ello, aprovecho esta oportunidad para agradecerles al director de dicho centro teológico, mi apreciado hermano Eliseo Vílchez Blancas, y a la Iglesia Evangélica Peruana "Maranatha", el honor de esa invitación. Al mismo tiempo, la aprovecho para honrar, en todo el libro pero particularmente en el último capítulo, a uno de los grandes adalides de la fe evangélica en nuestra América, el doctor Alberto Rembao.

A Rembao no se le conoce mucho hoy en nuestra América. No se le conoce porque tenemos una triste tendencia a olvidarnos de nuestro propio pasado. Cuando, allá por el año 1957, tuve oportunidad de tenerle como maestro, al tiempo que admiré sus conocimientos y el donaire de su oratoria, sus excentricidades me ocultaron mucho del valor de lo que decía. Hoy, a medio siglo de distancia, veo que aquellas aparentes excentricidades no eran sino expresión de su profunda fe, de su vida en constante tensión entre una cultura a la que admiraba y defendía y una fe que constantemente le recordaba la carga de pecado de esa misma cultura. Rembao fue iconoclasta, no sólo contra los íconos de la cultura circundante —y ciertamente contra los de la cultura norteamericana— que siempre amenazaba con arrollarnos, sino también, contra los íconos de la iglesia —y ciertamente contra los íconos de la iglesia evangélica. Por ello le tuvimos por excéntrico. Y excéntrico fue ciertamente. Pero su centro era otro.

*Capítulo 1*

# FE Y CULTURA

Uno de los temas que más me fascinaron desde mis primeros años de estudios teológicos fue el de la relación entre el cristianismo y la cultura. Respecto a esta cuestión, vivía yo en una situación ambigua y a veces difícil. Era la Cuba de las décadas de 1940 y 1950. La fe evangélica nos había llegado de otra cultura. Quienes se oponían a nuestra fe, frecuentemente usaban el argumento de que aceptarla era una traición a nuestra cultura, y hasta una aceptación de elementos foráneos procedentes de otra cuya maquinaria de comunicación amenazaba con arrollar la nuestra.

Aun cuando la Constitución de la República establecía una clara separación entre la Iglesia y el Estado, y no favorecía a ninguna religión, en los medios noticiosos, de mil maneras diferentes, se daba a entender que nuestra cultura era por definición católica romana. En la escuela, no faltaban maestros que decían que el protestantismo era instrumento del imperialismo yanqui, que lo utilizaba para debilitar nuestra cultura y así hacerla más maleable a sus designios. En los cursos de literatura, y a veces en los de filosofía, estudiábamos a Jaime Balmes, el apologeta católico del siglo XIX cuyo libro, *El protestantismo comparado con el catolicismo en sus relaciones con la civilización europea*, publicado en 1842, defendía la superioridad de la cultura hispana y de la religión católica.

Cuando hoy miro retrospectivamente hacia aquellos días, debo confesar que nosotros mismos dábamos pie para tales críticas y acusaciones. Uno de los libros favoritos de nuestro grupo de jóvenes en la iglesia había sido escrito originalmente en francés por el pastor reformado alsaciano Fréderic Hoffett, y se había publicado en castellano bajo el título de *Imperialismo protestante*. La tesis de aquel libro era que el protestantismo necesariamente conducía a un orden social más avanzado y más justo. Lo que aquel pastor había hecho era comparar toda una serie de estadísticas, poniendo a un lado los países protestantes, y al otro los católicos. A un lado Italia, España, Portugal y la América Latina. Al otro, Gran Bretaña, Alemania, los Estados Unidos, Australia. Las estadísticas parecían irrefutables. El analfabetismo, los nacimientos ilegítimos, las enfermedades venéreas, el subdesarrollo económico, la mortalidad infantil, las desigualdades sociales... todas las estadísticas negativas resultaban ser más altas en los países católicos que en los protestantes. Y lo contrario era cierto: estadísticas positivas, tales como el nivel de educación, la longevidad, el empleo, los niveles de ingresos, etc., eran mayores en los países protestantes. En consecuencia, decía Hoffet, los graves problemas de los países católicos se deben a su catolicismo, y los grandes adelantos de los protestantes a su protestantismo.

Para nosotros, aquel era un argumento contundente. Ahora podíamos decirles a nuestros compañeros de clase, en nuestros interminables debates, que todo lo que debían hacer era mirar unos ciento cincuenta kilómetros al norte, y allí verían cuánto de valor hay en el protestantismo y en sus consecuencias sociales y económicas.

Pero, aunque no nos dábamos cuenta de ello, el problema estaba en que al hacer uso de tal argumento estábamos precisamente dándoles más base a quienes decían que el protestantismo era un elemento foráneo que subvertía y desvaloraba nuestra cultura, y que, por tanto, ser buen cubano era también ser buen católico o al menos no ser protestante, puesto que el catolicismo que existía entonces en mi país podía contar con muy pocos buenos católicos. Para complicar las cosas, vivíamos entonces hacia el final de uno de los períodos de mayor diferencia y tensión entre el catolicismo y el protestantismo. Aunque las diferencias teológicas entre ambas tradiciones se establecieron en el siglo dieciséis, y en el diecisiete hubo cruentas guerras de religión, lo cierto es que el contraste entre ellas nunca fue mayor que en el siglo diecinueve y, en cierta medida, la primera mitad del veinte.

El siglo diecinueve y los primeros años del veinte marcaron el apogeo de la modernidad. La modernidad marcó grandes pérdidas territoriales e ideológicas para el catolicismo, y todo lo contrario para el protestantismo. El siglo diecinueve comienza con la Revolución francesa y la independencia de las colonias americanas, tanto españolas como portuguesas y británicas. En lo político, la Revolución francesa afectó mucho más al catolicismo que al protestantismo. Eso se debió, primero, a que Francia misma era un país católico y, por tanto, los ataques de los elementos más radicales de la revolución en ese país fueron dirigidos principalmente contra el catolicismo, sus instituciones y sus doctrinas. Obispos y sacerdotes se vieron expulsados de sus diócesis y parroquias y buen número de ellos murieron guillotinados por sus posturas contrarrevolucionarias. Se cerraron y profanaron conventos e iglesias. El papa se volvió objeto de burla[1].

La Revolución francesa y las gestas independentistas americanas trajeron una nueva realidad política. Tanto España como Portugal y Gran Bretaña sufrieron enormes pérdidas territoriales en los imperios que habían logrado formar.

---

1 Burlas resumidas en el famoso comentario atribuido a Joseph Stalin: «¿Con cuántas divisiones cuenta el Papa?»

Los imperios portugués y español nunca más recobrarían lo perdido, y acabarían por desaparecer. En contraste, el británico, a pesar de perder trece de sus colonias norteamericanas, alcanzó enorme expansión en África, Asia y Oceanía. Las pérdidas territoriales de los imperios tradicionalmente católicos fueron acompañadas de una vasta expansión por parte de británicos, holandeses, daneses y otras potencias protestantes.

Mucho más impactante que las pérdidas o ganancias territoriales fue la capacidad o incapacidad del protestantismo y del catolicismo para adaptarse a las nuevas circunstancias. Debido a su estructura centralizada, y a la idea de que esa estructura era parte de la naturaleza misma de la iglesia, el catolicismo tuvo enormes dificultades para adaptarse a las nuevas realidades políticas. Las antiguas colonias españolas y portuguesas no pensaban haberse rebelado contra el Papa, sino contra sus gobiernos coloniales. Por ello la mayoría de nuestras primeras constituciones americanas afirmaban que el catolicismo era la religión oficial del Estado. Pero desde el punto de vista de las autoridades eclesiásticas no bastaba con esto. El papado estaba comprometido con una visión centralizada y altamente jerárquica, de modo que para ser buen católico había que sujetarse, no sólo al Papa, sino también a las autoridades civiles por él sancionadas. Esto tenía larga historia en nuestra América, donde el Patronato Real había dado a las coronas española y portuguesa enormes poderes sobre la iglesia en sus colonias. Luego, aunque los rebeldes americanos veían en sus acciones sólo el deseo de librarse del yugo colonial, el papa y sus consejeros no podían sino ver en ellas también una rebelión contra la autoridad pontificia. Como es de todos sabido, esto trajo difíciles conflictos entre las nuevas repúblicas y Roma, con la consecuencia de que nuestra América, al tiempo que siguió siendo profundamente católica, en algunos lugares se volvió también profundamente anticlerical.

En contraste, cuando las colonias británicas en Norteamérica se independizaron, aunque la oficialidad de la iglesia de Inglaterra se opuso al proceso, hubo varias otras denominaciones que ya habían echado raíces en este hemisferio. Puesto que el protestantismo no tenía en su mayor parte la ideología centralizadora que se había vuelto parte integrante del catolicismo, las iglesias en las antiguas colonias británicas —ahora los Estados Unidos de Norteamérica— no sufrió los descalabros de su contraparte más al sur. En algunos casos surgieron denominaciones nuevas, separadas de las iglesias en Gran Bretaña a que habían pertenecido. Pero, por lo general, las iglesias sufrieron relativamente poco en el proceso de la independencia norteamericana.

Empero, el conflicto y contraste eran mucho más profundos. Las nuevas repúblicas nacidas de las revoluciones a fines del siglo dieciocho y principios del diecinueve se fundaban sobre ideales que chocaban con buena parte de la práctica católica tradicional. Esos ideales incluían, por ejemplo, el derecho del individuo a sus propias opiniones, a seleccionar y juzgar sus lecturas, y a actuar de acuerdo con sus propias conclusiones y convicciones. Esto se oponía a la práctica tradicional de la Iglesia Católica Romana, que publicaba un *Índice de libros prohibidos*, insistía en que los fieles debían concordar en todo con las enseñanzas de la Iglesia —incluso con aquellas que los fieles mismos desconocían, pero debían aceptar por *fe implícita* en la iglesia— y castigaba al menos con excomunión a quienes diferían de sus doctrinas. En las nuevas naciones —incluso las que se declaraban oficialmente católicas— se fue imponiendo el principio de la autonomía del Estado, que no tenía obligación alguna de sujetarse a los dictados de la jerarquía eclesiástica. Como medio de sostener esa autonomía, y de promover la libertad de pensamiento entre sus ciudadanos, varios Estados comenzaron a responsabilizarse por la educación de sus ciudadanos, y a hacerlo en escuelas independientes del control eclesiástico. Todo esto era anatema para las autoridades católicas, y en particular para Roma. En Italia misma, los estados pontificios se veían amenazados por el creciente nacionalismo italiano, que buscaba la unificación de la península.

Todo esto llegó a su punto culminante durante el pontificado de Pío IX —el más largo de toda la historia. Este papa fue quien por fin perdió los estados pontificios, de los cuales se le permitió retener sólo el Vaticano y otras pequeñas posesiones. Pío IX fue el primer papa en promulgar una doctrina —la de la inmaculada concepción de María— sobre la base de su propia autoridad, sin mediación de un concilio o de ningún otro cuerpo eclesiástico. Fue él quien en el año 1854 promulgó el *Sílabo de errores*, en el cual se listaban errores que ningún buen católico debía aceptar. Entre esos errores se contaban el Estado secular, el derecho al libre juicio, la educación pública bajo el control del Estado, y varios otros del mismo tono. Y fue Pío IX quien ocupaba la sede romana cuando, por acción del Primer Concilio de Vaticano, el papa fue declarado infalible.

La reacción del resto del mundo a la promulgación de la infalibilidad papal muestra hasta qué punto el papado había perdido verdadero poder. Cuando, tres siglos antes, el Concilio de Trento comenzó la reestructuración de la iglesia medieval, creando la estructura centralizada que ha caracterizado al catolicismo romano desde entonces, hubo fuerte oposición a sus decretos. En algunos países católicos se prohibió su publicación y aplicación. Varios países presentaron protestas formales contra los poderes que Roma parecía estarse adjudicando. En contraste, ahora que el Concilio Vaticano promulgaba la infalibilidad papal, la respuesta del mundo católico, especialmente en la arena política, no fue más que un gran bostezo. El papa podía decir de sí mismo lo que gustara. En fin de cuentas, aparte de sus más fieles seguidores, serían pocos los que le harían mucho caso. Al mismo tiempo, en los países protestantes se tomaba la declaración de la infalibilidad pontificia como la última y más clara demostración de la apostasía católica romana.

En resumen, por una gran variedad de razones, el catolicismo romano del siglo diecinueve y de principios del veinte se declaró enemigo acérrimo de la modernidad, en la que veía una seria amenaza contra la fe. Y, por su parte, la modernidad se declaró también enemiga del catolicismo, y frecuentemente también de todo cristianismo o toda creencia en lo que no pudiese comprobarse por medios empíricos y supuestamente objetivos.

En contraste, las nuevas circunstancias del siglo diecinueve redundaron en provecho del protestantismo. Ya he mencionado cómo fue durante ese siglo cuando las grandes potencias protestantes establecieron colonias por todo el mundo. En esos vastos imperios —unas veces con el apoyo de las autoridades coloniales, y otras contra la voluntad de estas— las misiones protestantes avanzaban rápidamente, de modo que pronto hubo fuertes iglesias protestantes en África, Asia y Oceanía. Esos imperios, al menos en su gobierno interno —pues frecuentemente el Gobierno de las colonias era otra cosa— subrayaban el derecho de los individuos a sus propias opiniones, la libre investigación, la libertad de cultos y la autonomía del Estado frente a la iglesia. En cierta medida, todas esas potencias se declaraban democráticas, dándole participación en el Gobierno y en sus decisiones al menos a cierta parte de su población.

El protestantismo pronto abrazó todo esto. El siglo diecinueve produjo una gran variedad de sistemas teológicos protestantes, particularmente en Alemania. Aunque había grandes diferencias entre tales sistemas, prácticamente todos concordaban en un punto: el protestantismo y la modernidad han de marchar mano a mano, pues el protestantismo es la expresión moderna del cristianismo. Casi todos aquellos teólogos famosos del diecinueve dirían que cuanto hubiese en el cristianismo que no fuera compatible con la modernidad sería descartado como superstición, como reliquias de un tiempo pasado cuando las gentes no pensaban críticamente, sino que se sometían a la autoridad. Todo ello no era sino tergiversación del cristianismo, producto del oscurantismo medieval y de la actitud totalitaria del catolicismo romano.

Aunque la mayoría de los fieles protestantes nunca siguió a aquellos teólogos hasta sus posturas más extremas, sí aceptó la idea de que el protestantismo era la forma moderna, y por tanto más avanzada, del cristianismo.

En nuestra propia América, Diego Thomson, a quien se le acredita haber sido el primer misionero protestante, llegó como heraldo y expositor tanto de la Biblia como de la modernidad. Los gobiernos liberales en las recién nacidas naciones lo recibieron como un modo de contrarrestar a los conservadores, en su casi totalidad católicos tradicionalistas. Para ellos, Thomson no era tanto el misionero sino el educador que venía proponiendo y demostrando un nuevo método educativo —el lancasteriano— que para aquel entonces representaba la cumbre de la modernidad.

En cierto sentido, era todo eso lo que estaba tras el libro de Hoffet, que tanto nos gustaba a mis correligionarios y a mí. Por ello, frecuentemente les señalábamos a nuestros compañeros católicos que en nuestras iglesias se practicaban principios democráticos, que en nuestras iglesias cualquiera podía hablar, que todos leíamos la Biblia y llegábamos a nuestras propias conclusiones. En nuestras iglesias celebrábamos el culto en nuestra propia lengua, y no en latín, de modo que todos pudieran entender lo que se decía, y en ellas no se le prohibía a nadie leer lo que quisiera.

Mas, aunque yo no lo sabía, ni siquiera lo sospechaba, mis luchas internas entre ser latinoamericano y ser evangélico, o como dije antes, entre Balmes y Hoffet, no eran solamente mías, sino parte del ambiente de aquellos años en los que todavía el catolicismo romano no había llegado al Concilio Vaticano II, y el protestantismo no había tenido que abocarse al fracaso de la modernidad. Nuestros argumentos en la escuela eran reflejo de contrastes y conflictos mucho más amplios que yo mismo no empezaría a entender sino veinte o treinta años más tarde.

Todo lo que antecede no tiene el propósito de volver a enfrascarnos en una nueva controversia entre católicos y protestantes acerca de quién tiene la razón, ni tampoco entre unos evangélicos y otros en cuanto a cuál debe ser nuestra actitud ante el catolicismo romano o ante la modernidad. Tiene más bien dos propósitos. El primero es hacernos ver que las cuestiones que estamos planteando siempre tienen lugar dentro de un contexto histórico, y que para entenderlas se debe tener en cuenta ese contexto. Y su segundo propósito es explicar por qué ya desde mucho antes de iniciar mis estudios teológicos, la cuestión de la relación entre el cristianismo y la cultura me resultaba inquietante. ¿Sería posible ser evangélico cabalmente, tan evangélico como cualquiera de los misioneros que venían de Norteamérica, y al mismo tiempo ser cabalmente latinoamericano, tan latinoamericano como el que más?

Fui entonces al seminario y allí quedó confirmada la dificultad del problema. Al estudiar la historia de la iglesia, resultaba claro que el protestantismo floreció y triunfó principalmente en los territorios que no habían sido parte del Imperio romano, o algunos que, aunque sí fueron conquistados por los romanos, siempre estuvieron en las márgenes del Imperio. Esto puede verse claramente hasta el día de hoy: donde se hablan lenguas romances prevalece el catolicismo romano; y donde se hablan lenguas germánicas prevalece el protestantismo. Así, Portugal, España, Bélgica e Italia son países católicos, mientras Holanda, Escocia y Escandinavia son protestantes. Lo que es más, los grandes conflictos entre el protestantismo y el catolicismo romano tuvieron lugar precisamente en los territorios donde la romanización no había penetrado tanto como en los países del Mediterráneo. Por largo tiempo, Inglaterra estuvo en la balanza, sin que se pudiera saber hacia qué lado iba a caer. Alemania se vio dividida entre una multitud de Estados, unos protestantes y otros católicos, hasta que tras cruentísimas guerras se decidió por la tolerancia. Pero lo que a la postre sucedió fue que los territorios al sur del país —los más romanizados— resultaron ser católicos, mientras que los del norte son protestantes.

El caso de Calvino es interesantísimo. El gran teólogo de la tradición reformada era francés, francés de convicciones patrióticas, hasta escribió su famosa *Institución de la religión cristiana* tanto en latín como en francés, y se la dedicó al Rey de Francia. Su última versión, la de 1560, está en francés. El impacto de Calvino en Francia fue grande, al punto que hubo en el país guerras civiles en las que el tema de la religión fue central. Pero, con todo eso, a la postre Francia rechazó el calvinismo, al tiempo que Escocia, Holanda y algunas regiones de Suiza y Alemania lo adoptaron. A partir de entonces, rara vez se escucharía a aquel hijo de Francia, rechazado por los suyos y por su cultura, hablar en francés, mientras que serían millones quienes le leerían en holandés, inglés o alemán. ¿Sería que Calvino, como yo —y también como yo, sin quererlo, y en el caso de él, sin siquiera saberlo— se vio obligado a escoger entre ser francés y ser protestante? La pregunta no resultaba sólo inquietante, sino también desconcertante.

En resumen, hacia el final de mis estudios de seminario me encontraba en una serie de dilemas teológicos y culturales. Por un lado, no podía aceptar la tesis según la cual el protestantismo no tiene lugar en la cultura latinoamericana. Por el otro, los hechos mismos parecían probar lo contrario. Por un lado, quería ser genuina y cabalmente latinoamericano. Pero también era y quería ser evangélico, lo cual parecía estar irremisiblemente atado a una cultura foránea. Por un lado, Hoffet; por otro, Balmes. Por un lado la fe, indiscutiblemente evangélica; por otro la cultura, indiscutiblemente latina.

La tarea resultaba clara, pero el camino era escabroso y desconocido. Si Calvino no logró que su fe evangélica llegara a plasmarse en la cultura francesa, ¿habría esperanza de que nuestra fe, igualmente evangélica, se plasmara en nuestra cultura latinoamericana? ¿Cómo podríamos lograrlo? En cierto modo, esa ha sido una de mis principales preocupaciones teológicas por casi medio siglo, y por ello creo que es hora de que reflexionemos un poco más acerca del aparentemente trillado tema de las relaciones entre la fe y la cultura, aunque debo señalar por adelantado que la prueba de la compatibilidad entre nuestra cultura y nuestra fe no está tanto en cualquier teoría que podamos proponer aquí, como en el hecho mismo de que ya son decenas de millones los latinoamericanos que han abrazado la fe evangélica, y que le han dado a esa fe un sabor genuinamente latinoamericano.

En todo caso, cuando se me invitó a dictar la Cátedra Ritchie en el Instituto Bíblico de Lima —prestigiosa institución surgida de una de las primeras iglesias evangélicas en el Perú— me pareció que era una oportunidad ideal para discutir un poco más sistemáticamente el tema de fe y cultura; no con la presunción de decir algo nuevo, sino más bien como un intento de resumir algunas de mis reflexiones sobre este tema, e invitarnos a todos a pensar sobre él. Lo que es más, la ocasión me parece singularmente adecuada por cuanto con esta cátedra honramos a uno de aquellos pioneros que nos trajeron la fe evangélica, y que nos la trajeron arropada en culturas nórdicas. Cuando Ritchie llegó a tierras peruanas en 1906, para dedicar los 46 años que le quedaban de vida a la evangelización del continente, traía consigo no sólo la Biblia y el mensaje del Evangelio, sino también toda una herencia cultural que a través de los siglos había ido cuajando en Escocia. Puesto que durante buena parte de esos siglos Escocia se vio repetidamente supeditada a Inglaterra y su cultura, por largo tiempo ha habido en Escocia una profunda conciencia de los conflictos culturales, y de cómo una cultura dominante tiende a imponerse sobre las que le están supeditadas. Por ello Ritchie, al igual que otros de aquellos primeros misioneros escoceses, vino a nuestras tierras entendiendo claramente que era necesario que el Evangelio echase en esta parte del continente sus propias raíces y tomara su propia forma. Pero, con todo ello, el Evangelio que predicaron, las iglesias que fundaron, las tradiciones que nos legaron aquellos primeros misioneros, siempre dieron señales de sus orígenes escoceses.

Esto no ha de extrañarnos. La cuestión de la relación entre la fe y la cultura ha sido siempre uno de los temas fundamentales de toda teoría y práctica misiológicas. Cada vez que el mensaje del Evangelio atraviesa una frontera, cada vez que echa raíces en una nueva población, cada vez que se predica en un nuevo idioma, se plantea una vez más la cuestión de la fe y la cultura.

Por ello, es posible recontar toda la historia de la iglesia desde el punto de vista de esa cuestión: cómo se fue planteando y resolviendo a cada paso. En el Nuevo Testamento vemos cómo el cristianismo, nacido y formado dentro de una cultura judía, fue descubriendo —a veces en medio de enormes debates— cuánto de esa cultura se debía aceptar, y cuánto rechazar. Basta con leer las epístolas de Pablo para ver que uno de los principales temas de discusión en aquellos primeros tiempos fue precisamente qué hacer con los gentiles que se convertían al cristianismo. Es decir, ¿debía exigírseles que se hicieran judíos y que adoptasen todas las costumbres y prácticas judías? O ¿había un modo de ser cristiano y de declararse por tanto descendiente de Abraham sin hacerse judío?

Pronto el cristianismo comenzó a abrirse paso por el mundo grecorromano, y entonces la pregunta fue cómo debían ver los cristianos la cultura de ese mundo: ¿Debían rechazar todo lo que viniese de ella como producto del demonio y del error?, o sería posible ver en ella la mano y la acción de Dios? Sobre este caso particular volveremos más adelante.

Luego vinieron las invasiones germánicas, y buena parte del cristianismo se germanizó. Al llegar la Edad Moderna, volvieron a plantearse preguntas, dudas y debates acerca de la relación entre la cultura de esa edad y la fe de la iglesia, como hemos visto al comparar la reacción católica romana con la de los teólogos protestantes.

Con el advenimiento de los grandes tiempos misioneros —el siglo XVI para el catolicismo romano y el XIX para el protestantismo— la cuestión volvió a plantearse. Cada vez que el cristianismo penetraba —o intentaba penetrar— una nueva cultura, había que preguntarse cuál debería ser su actitud ante ella. Es decir, ¿sería cuestión de destruir la vieja cultura para construir la nueva fe sobre sus escombros?, ¿sería cuestión de adaptar la predicación y la enseñanza a los modelos de la cultura receptora?, ¿sería cuestión de analizar esa cultura, dividiéndola en diversos elementos, para luego aceptar unos y rechazar otros? En resumen, la cuestión de fe y cultura es tema obligado para cualquier discusión misiológica.

Por otra parte, en tiempos más recientes, nuevas circunstancias le han añadido otra dimensión a esta cuestión. Se trata de la presencia de una gran variedad de religiones dentro de culturas que hasta hace poco podrían considerarse cristianas, o al menos contextos en los que la fe cristiana dominaba. En regiones tales como Europa occidental, los Estados Unidos, Australia y Nueva Zelandia, hay fuertes minorías musulmanas, budistas, hindúes, etc. Esto es más notable en los viejos centros coloniales, donde se ha producido un reflujo demográfico, de modo que existen fuertes contingentes de inmigrantes procedentes de las viejas colonias. Así, por ejemplo, en Inglaterra hay una numerosa comunidad procedente de la India, la mayoría de religión hindú, pero muchos musulmanes o seguidores de otras de las religiones tradicionales del subcontinente índico. De igual modo, aunque en menor grado, comienza a haber en todas las ciudades de la América Latina mezquitas, pagodas y templos de las más variadas religiones. Por todo ello, la cuestión de la relación entre la fe cristiana y la cultura cobra una nueva dimensión, pues no se trata ya tan sólo de cómo hemos de entender la relación entre la fe cristiana y las nuevas culturas donde se predica, sino también de cómo hemos de entender la relación entre esa fe y las viejas culturas que poco a poco se han amoldado a ella, pero donde se presentan ahora nuevas religiones que compiten con el cristianismo.

Así, si en el siglo XIX la pregunta que se planteaba era cómo se podría relacionar la fe cristiana, por ejemplo, con la cultura china, hoy esa pregunta sigue planteándose, pero a ella se le añade otra: ¿Qué relación hay entre la fe cristiana y las culturas en que esa fe se ha arraigado por siglos, por ejemplo, la norteamericana?

Si cuando yo estudiaba en el seminario, hace medio siglo, la pregunta que nos hacíamos los latinoamericanos evangélicos era cómo relacionar nuestra fe con nuestra cultura, hoy seguimos haciéndonos esa misma pregunta, pero con nuevas dimensiones. No se trata ya solamente de ser evangélicos en una cultura católica. Se trata de eso y de mucho más. Se trata también de cómo ser cristianos evangélicos en las nuevas culturas en donde el creciente impulso misionero latinoamericano está llevando nuestra fe. Se trata de cómo ser cristianos evangélicos en una cultura que va variando, que se va haciendo cada vez menos monolítica y menos católica. Y se trata de cómo ser cristianos evangélicos cuando la modernidad toca a su fin, y cuando el enorme contraste entre el catolicismo y el protestantismo que existía durante el apogeo de la modernidad va también perdiendo sus aristas. Por todo ello, dudo que haya hoy una pregunta teológica más urgente que esta, la de las relaciones entre la fe y la cultura.

En este punto, se impone una aclaración. Lo que pretendo hacer aquí no es desarrollar toda una teoría antropológica acerca de las culturas, del modo en que funcionan, etc.; lo que intento es, al mismo tiempo, mucho menos y bastante más. Mucho menos, porque en lo que a teoría antropológica y etnogrfica se refiere, sólo sé lo que he leído en algunos libros básicos, y por tanto no creo tener nada nuevo que decir. Bastante más, pues lo que pretendo es, en buena medida, un ejercicio teológico. Digo esto porque en mi opinión la buena teología es la que concibe y vive la universalidad de Dios en las particularidades de la vida, y la eternidad de Dios en las vicisitudes de la historia. Por ello, a lo que quisiera invitar a mis lectores a investigar no es otra cosa que a eso mismo: a hacer teología; pero a nuestra manera, dentro de nuestros términos, y con pertinencia para los desafíos a que nos enfrentamos.

Luego, lo que hemos de considerar aquí —teológicamente, pero también desde nuestro punto de vista, el de una iglesia latinoamericana que se pregunta acerca de su lugar en esta sociedad— es qué es eso de la cultura, qué significa, cómo funciona, qué lugar tiene en el plan de Dios y, por tanto, qué lugar ha de tener en la misión de la iglesia. El desafío al que hoy nos enfrentamos consiste en entender correcta y teológicamente qué es eso de la cultura, y cuál es la relación de la iglesia con la cultura, porque sólo así podremos entendernos a nosotros mismos y nuestra misión.

El orden mismo de nuestro tratamiento del tema deberá señalar nuestro interés teológico. Por ello, en lugar de comenzar discutiendo toda una teoría acerca de las culturas

—qué son, cómo se forman, cómo se relacionan entre sí, etc.— para luego pasar a una discusión teológica, seguiremos un orden teológico, y en medio de él iremos destacando algunos puntos sobresalientes en cuanto a las culturas como fenómeno antropológico. Esto quiere decir que en los capítulos que siguen hemos de comenzar definiendo, aunque de manera bastante breve, lo que entendemos por *cultura*. Pero en el proceso de esa misma definición la relacionaremos, primero, con la doctrina misma de la creación, para llegar a la afirmación de que la cultura misma —o al menos el hecho de que haya cultura— es parte de la obra y los propósitos creadores de Dios (capítulo 2).

Como es de todos sabido, la doctrina de la creación no quiere decir que las cosas son exactamente como Dios quiere que sean. Al contrario, entre la creación y nosotros media la caída. Por tanto, en el capítulo 3 consideraremos cómo se manifiesta la presencia del pecado en las culturas.

Uno de los principales problemas a los que tenemos que enfrentarnos los creyentes al discutir el tema de la fe y la cultura es que no hay tal cosa como *la cultura* en singular. Las culturas se nos presentan siempre en una irreducible variedad, y frecuentemente esa variedad resulta conflictiva. Como cristianos, ¿qué hemos de decir acerca de la variedad de las culturas?, ¿será toda ella consecuencia del pecado?, ¿será castigo, o será bendición?, ¿qué paradigmas teológicos podemos emplear para entender no sólo la variedad de culturas, sino también la unidad de la iglesia en medio de ese diversidad? Tales serán las cuestiones que discutiremos en el capítulo 4.

En el capítulo 5 nos preguntaremos qué posibilidades hay de ver la acción de Dios en aquellas culturas que no parecen haber escuchado el evangelio. Estudiaremos el principal paradigma que la iglesia antigua empleó, y algo de sus consecuencias.

El capítulo 6 continuará el tema del 5, aunque con mayor énfasis en nuestra misión hoy, y en cómo un mejor entendimiento teológico de las culturas y de su relación con nuestro Dios nos ayuda a comprender mejor el carácter y el alcance de nuestra misión.

Por último, en el capítulo 7 presentaremos algunas breves reflexiones acerca del tan trillado tema de la relación entre el culto y la cultura, con la esperanza de que esto nos estimule a pensar más sobre el tema. Pasemos, entonces, al tema de qué entendemos por *cultura* y cómo se relaciona con la obra creadora de Dios.

*Capítulo 2*

# CULTURA Y CREACIÓN

Para entrar rápidamente a la cuestión, estipulemos muy brevemente que una cultura es, en esencia, el modo en que un grupo humano cualquiera se relaciona entre sí y con el ambiente circundante. Por ello, tiene lo que bien podríamos llamar un elemento externo y otro interno. En lo externo, responde a los retos y oportunidades de su ambiente. Esos retos incluyen la alimentación, el vestido, el abrigo, la defensa contra posibles enemigos, etc. Así, por ejemplo, los esquimales han desarrollado una cultura que les permite responder a los desafíos del mundo en que viven, resolviendo las necesidades de alimentación, vestido, abrigo, etc., de un modo muy distinto a como lo hacen los aborígenes australianos, o como lo hicieron nuestros antepasados indoamericanos.

Más adelante veremos que las culturas varían y evolucionan. Una de las razones por las cuales las culturas varían es precisamente porque los retos del medio ambiente también cambian: lo que se puede sembrar en Honduras no se puede sembrar en Alaska, la ropa que resulta adecuada en Honduras no sirve en Alaska; el modo en que los esquimales utilizan la carne de los mamíferos marinos, y cómo la conservan, no le sirve de mucho a un congolés o a un paraguayo. Ante retos diferentes, los grupos humanos producen diferentes mecanismos y métodos para alimentarse, defenderse, cobijarse, etc.

Esta dimensión, por así decir, externa de las culturas se ve en la palabra misma, *cultura*, que se deriva de la misma raíz que *cultivo*. Esto se debe, naturalmente, a que uno de los medios más antiguos por los cuales las sociedades se han enfrentado a los desafíos de su medio ambiente es el cultivo. Una de las más antiguas manifestaciones culturales es la agri*cultura*. Naturalmente, antes de esta aparece la mera recolección de alimentos, la caza y la pesca; lo que nos permite decir que las más antiguas culturas no procuraban producir alimentación, sino solamente hacer uso de la que ya estaba disponible, recogiendo frutas, cazando y pescando. Entre esto y la agricultura hay un salto cualitativo, pues al llegar esta, el ser humano no se contenta con recoger lo que ya está ahí, o con cazarlo o pescarlo, sino que va más allá: empieza a buscar el modo de transformar el medio ambiente de modo que este le proporcione más y mejores alimentos, así como otros recursos.

En cierto sentido, tal es la vocación de toda cultura, puesto que la relación del ser humano con el ambiente rara vez es de simple aceptación, y pronto, en la medida de lo posible, se vuelve una relación en la que el grupo humano busca modos de afectar el ambiente. Por supuesto, esto no lleva necesariamente a la agricultura; pues puede llevar a un cazador a cavar una fosa donde atrapar su presa, o a un pescador a echar comida en el lago para atraer más peces, acciones estas que, aunque no de manera tan radical como la agricultura, son modos de cambiar el medio ambiente para que produzca más. Pero, con todo eso, es la agricultura el gran paso en el que el ser humano se percata de que la tierra y lo que ha de producir están bajo su control, aunque sea parcialmente. Por ello, se da el paralelismo etimológico entre *cultura* y *cultivo*. Es más, por una especie de extensión etimológica, el vocablo *cultura* se emplea también para otras actividades mediante las cuales el ser humano transforma o gobierna su ambiente para hacerlo producir más. De ahí palabras tales como api*cultura*, pisci*cultura*, ovi*cultura* y otras.

En este punto, se debe aclarar que la *cultura* no es propiedad exclusiva de quienes llamamos personas cultas. Para tener cultura no hay que saber apreciar la música clásica, ni poder recitar poemas de memoria, ni saber historia y geografía. Para tenerla, basta con ser humano, pues no se puede ser humano sin cultura. Así entendida, es la herencia común de todo grupo social. Es la cultura la que nos enseña cómo sembrar el maíz, hilar algodón, cocinar la carne; en fin, cómo vivir en el ambiente en que vivimos, y con los recursos de ese ambiente.

Esta relación entre la cultura y el ambiente se mueve en ambas direcciones. Por un lado, el ambiente afecta la cultura. Por otra, la cultura afecta el ambiente. Esto puede verse en el desarrollo histórico de cualquier cultura. Un grupo humano aprende a cultivar la tierra. La tierra se resiste, y hay que buscar mejores medios de romperla. Alguien inventa el arado. Al principio, ese arado es tirado por los agricultores mismos. Los surcos son cortos, y cada agricultor y su familia pueden cultivar un pequeño terreno. Entonces se domestica el buey. Los surcos más largos resultan ser más eficientes. Es necesario cambiar la forma y el tamaño de los terrenos. Además, el buey necesita pastos, y con una sola yunta de bueyes se puede arar más terreno que el que necesita una familia. Surgen, entonces, tierras comunes, primero para pasto, y luego para el cultivo. En todo ese proceso, la tierra va cambiando; pero también cambian las estructuras sociales, los modos de entender la propiedad, etc.

Sin embargo, la cultura tiene también una dimensión que bien podríamos llamar interna. En ese sentido, es toda una serie de signos y significados que le permite a un grupo humano comunicarse entre sí. La cultura no es sólo cuestión de relación con el medio ambiente, sino también de relaciones entre individuos, familias y todos los miembros del grupo.

En un nivel primordial, esa dimensión interna incluye gestos y símbolos. Por alguna razón, a alguno de nuestros antepasados se le ocurrió expresar su asentimiento moviendo la cabeza de arriba abajo, y su desacuerdo moviéndola de un lado para otro. Es de suponerse que se trata de una decisión puramente arbitraria, pues los antropólogos nos hablan de culturas en las que esos mismos movimientos tienen el sentido contrario. Pero esa decisión arbitraria se ha vuelto parte de nuestro propio ser, de modo que uno de esos gestos significa *sí*, y el otro, *no*; de tal modo que se nos hace casi imposible hablar de sí al tiempo que movemos la cabeza en el gesto negativo tradicional, o lo contrario, decir no a la vez que movemos la cabeza de arriba abajo. Lo mismo es cierto de los símbolos. Una flecha señala el camino que hemos de seguir. Una vez más, la flecha tiene cierta lógica; pero tal lógica funciona solamente dentro de aquellas culturas que tienen flechas. En teoría al menos, una cultura en la que se usa el búmeran en lugar de la flecha, se lo podría utilizar como señal de un camino de dos vías, o de un viaje de ida y vuelta. Pero no es así, porque los símbolos, aunque tengan su lógica interna dentro de una sociedad, tienen siempre algo de arbitrario. Son convenciones que una cultura —o varias— ha adoptado para indicar una idea cualquiera.

Algo semejante sucede con el elemento principal de esto que estoy llamando la dimensión interna de las culturas, es decir, el idioma. En él podemos ver también cierta lógica, particularmente en sus palabras onomatopéyicas, cuyo origen resulta obvio. Nada tiene de extraño, por ejemplo, que le llamemos a un fuerte viento un huracán, y a otro más apacible un silbo. Hay cierta lógica en llamarle al ruido que hacemos al caminar por el agua *chapoteo*, y a otro sonido *trueno*, y a otro *estruendo*. Pero, a pesar de esa lógica, el sentido de las palabras es cuestión de convención social. Una vaca no tiene que llamarse vaca; ni un gato, gato.

Los idiomas se forjan a través de los siglos, en el encuentro con otros idiomas, con nuevas circunstancias, con nuevos descubrimientos. El castellano de hoy no es el mismo de Cervantes, ni siquiera el de hace cincuenta años. En tiempos del autor de *Don Quijote*, no se hablaba de espacio cibernético, cromosomas, microbios ni bacterias. Luego, el idioma ha ido evolucionando a la par que ha evolucionado la cultura misma, a la par que ha evolucionado el mundo mismo, o al menos nuestro entendimiento de él.

El idioma es también reflejo y molde de la cultura que expresa. Nosotros, en español, tenemos dos formas de dirigirnos a otra persona, *tú* y *usted* o *vosotros* y *ustedes*, y, en algunos países, *vos*. Esto es índice de que en nuestra cultura se entiende que existen dos niveles esenciales de familiaridad, respeto y autoridad: tú y usted. Pero hay otros idiomas en los que existen hasta cinco modos de dirigirse a otro, según el nivel de respeto que quien habla le debe a quien escucha. Tales idiomas son naturalmente expresión de una sociedad altamente jerárquica, en la cual es importante que cada cual conozca su sitio y permanezca en él, y que quien es supuestamente inferior le muestre el debido respeto a quien es supuestamente superior. El día que cambie esa visión jerárquica de la sociedad, también el idioma empezará a cambiar. Esto lo vemos en nuestra propia cultura: mi papá trataba a mi abuelo de usted, pero yo siempre traté a mi papá de tú. Lo que parece ser un ligero cambio en el idioma, es también un cambio en las actitudes y las relaciones.

La relación entre idioma, cultura y circunstancias es fascinante. Tomemos, por ejemplo, la cuestión del género. Por una serie de razones, este asunto se ha vuelto tema obligado de discusión en prácticamente todas las culturas contemporáneas. Esto se debe sobre todo a que una serie de cambios sociales nos hacen ver la forma en que las mujeres han sido oprimidas a través de la historia, y lo son todavía. Ese hecho mismo es también ejemplo de la manera en que las culturas interactúan y se afectan unas a otras, de modo que en realidad no existen barreras entre ellas. Sobre esto volveremos en otro capítulo. Por lo pronto, lo que nos interesa es entender que, aunque en diversos idiomas haya géneros gramaticales, no tienen el mismo significado en todas las culturas. Por una serie de circunstancias que no vienen al caso aquí, durante los últimos años me ha tocado vivir en los Estados Unidos. Allí, como en buena parte del mundo, la cuestión de la opresión de la mujer ha surgido como tema de discusión urgente e inevitable. Ahora bien, en inglés, muy pocas palabras tienen género; y cuando lo tienen, tal género se relaciona directamente con el sexo de la persona o animal a que se refieren. Así, por ejemplo, las palabras para padre y madre, hermano y hermana y tío y tía tienen género. Pero las referidas a mesa, cristiano, pastor y maestro no lo poseen. En tales circunstancias, la cuestión de evitar que el lenguaje sea sexista es relativamente sencilla: basta con asegurarse de que cada vez que se use una palabra que incluye género se use también su contraparte, diciendo, por ejemplo, "Hermanos y hermanas de la iglesia".

Pero en español el asunto no es tan sencillo. En primer lugar, en nuestra lengua tienen género no sólo unos poquísimos sustantivos, como en inglés, sino todos. Y también lo poseen los adjetivos y artículos. Luego, si fuésemos a aplicar estrictamente el principio que aplicamos en inglés, de referirnos siempre a ambos géneros, tendríamos que construir frases tales como "todos y todas", "los y las", "buenos y buenas", "hermanos y hermanas", "cristianos y cristianas" o elaborar constantemente frases paralelas, diciendo, por ejemplo: "Todas las buenas hermanas cristianas y todos los buenos hermanos cristianos".

Para complicar las cosas, en español el género guarda cierta relación con el sexo, pero esta no es siempre la misma. Así, hombre es masculino; pero si me refiero a un hombre como una persona, puedo utilizar adjetivos y artículos en femenino. Así, por ejemplo, le digo a mi amigo: "Tú eres una buena persona"; y a mi amiga: "Tú eres un gran individuo". Dios es un término masculino, mientras que Trinidad, femenino. Pero ni lo uno ni lo otro implican en modo alguno que Dios mismo sea masculino, o que la Trinidad sea femenina. Por ello, si me refiero al Ser Supremo como Dios, digo Él (Dios es bueno); pero si lo hago como Trinidad o como Providencia, digo ella (la Trinidad es eterna; la Providencia es sabia).

Y, como si eso fuera poco, nos dicen los gramáticos que en nuestro idioma hay por lo menos cinco géneros. Así, además del masculino (el caballo), el femenino (la yegua) y el neutro (lo bueno), existe el género ambiguo, pues lo que en unos lugares es "el sartén", en otros es "la sartén", y lo que en mi país es "la terminal de autobuses", en otros es "el terminal". Y hay también el género epiceno. La ballena nace siendo ballenato, y se le aplican adjetivos masculinos sin importar que sea macho o hembra. Así decimos "el ballenato negro y blanco es hembra". Pero, cuando ese mismo ballenato crece y se vuelve ballena, se le aplican adjetivos femeninos sin importar su sexo, y así decimos que "la ballena negra y blanca es macho".

Luego, aunque no cabe duda de que debemos buscar modos para que nuestro lenguaje refleje la igualdad entre el varón y la mujer, las soluciones que se dan en inglés sencillamente no funcionan en castellano. Nuestros idiomas entienden el género de modos diferentes, y no se puede traspasar ese entendimiento de un idioma al otro.

Todo esto no quiere decir que nuestro idioma no sea sexista, sino que es machista a su propio modo, y que debemos buscar nuestras propias soluciones a los problemas de nuestro idioma. Así, por ejemplo, uno de los puntos en los que nuestra lengua se muestra extremadamente sexista es en el uso del masculino plural para grupos mixtos. Si un comité se compone de diez varones, ese comité se refiere a sí mismo como "nosotros". Si otro lo forman diez mujeres, entonces se refiere a sí mismo como "nosotras". Pero si se le añade un solo varón al mismo comité, esas diez mujeres y un varón han de referirse a sí mismos como "nosotros"; y nótese que he dicho sí mismos, y probablemente pocos lectores se han percatado del uso del masculino.

Repito, hay una relación mutua entre el idioma y la cultura que representa. En esa relación, cada uno impacta sobre el otro. Si mi papá trataba a mi abuelo de usted, y yo siempre traté a mi padre de tú, lo que ha ocurrido es una variación en el idioma, sí; pero también un cambio en la cultura. Por ello, es de esperarse que tarde o temprano, y probablemente tras muchos intentos fallidos, encontremos modos en que nuestro idioma pueda manifestar la nueva visión de la igualdad entre varones y mujeres, la cual poco a poco se va volviendo también parte de nuestra cultura.

En todo caso, el punto que estoy señalando y quiero subrayar es que, como parte de ese elemento interno de una cultura, el idioma, que nos sirve para comunicarnos unos con otros, es reflejo de dicha cultura y, al mismo tiempo, le da forma. Por ello es que, en cierto modo, la reflexión acerca de la lengua puede llevarnos también a reflexiones acerca de la cultura. Por ejemplo, ¿por qué en nuestro idioma comúnmente no nos culpamos por las acciones malas, y con frecuencia tampoco reclamamos crédito por las buenas?, ¿por qué en lugar de decir quemé el pan o perdí la cartera, decimos se me quemó el pan, se me perdió la cartera, se me dañó el sermón? Y, del lado contrario, ¿por qué decimos se me ocurrió una idea? Lo que es más, ¿por qué en lugar de decir, como en otros idiomas, que sentimos gusto por algo, decimos que algo nos gusta? No pretendo dar respuesta aquí a estas preguntas, pero sí los menciono como ejemplo del modo en que las particularidades de una lengua pueden servirnos de pista acerca de las particularidades de la cultura que representa.

Cuando decimos que una cultura es en esencia el modo en que un grupo humano cualquiera *se relaciona* entre sí y con el ambiente circundante, esa relación no es sólo de uso, sino también de interpretación. Lo que las culturas hacen no es sólo proveer los medios por los cuales un grupo *responde* a su medio ambiente, sino también el modo en que lo *interpreta*. Esa interpretación comienza con el idioma, pero va mucho más allá, hasta entrar en el mito y la religión. Así, por ejemplo, un grupo humano que reside en una región en la cual la tierra llana cultivable es escasa, puede responder a ese reto construyendo terrazas y sembrando maíz. Puesto que la construcción de terrazas no puede hacerse en pequeños grupos, sino que necesita dirección y coordinación, el grupo se va organizando en torno a un sistema de gobierno centralizado que supervisa no sólo la construcción de las terrazas, sino también la distribución de las cosechas y otros bienes.

Esa respuesta, sin embargo, no es todo lo que la cultura implica, sino que junto con ella va toda una interpretación que explica quién le dio el maíz a los humanos, quién les enseñó a cultivarlo y quién difundió ese conocimiento. Y las dos cosas se entrelazan. Si para cultivar el maíz se debe construir terrazas, y para esto hace falta un gobierno centralizado que organice las obras públicas, la interpretación acerca de los orígenes del maíz y de su cultivo sirve también de justificación para un gobierno centralizado, en manos de los descendientes de quienes primero nos enseñaron a cultivar el maíz. Luego, ese gobierno centralizado, y toda la mitología que lo configura y lo sostiene, es a la vez parte de la respuesta del grupo a los retos del ambiente y parte de su interpretación de esos retos y de las soluciones dadas.

Volviendo al término mismo, cultura, notamos que su raíz etimológica no lo relaciona únicamente con el cultivo, sino también con el culto. Los romanos, de cuyo idioma derivamos las palabras cultura y culto, estaban convencidos de que fue el dios Saturno quien dio a sus antepasados el conocimiento de la agricultura, del cultivo, y por ello desde sus orígenes los términos culto y cultura se mezclan y entrelazan. Lo mismo es cierto en toda cultura, por muy secular que parezca. En toda cultura dos elementos van apareados: las técnicas para manejar el mundo —el cultivo— y el modo en que se entiende ese mundo: el culto. Esto no se debe únicamente a que el cultivo necesita de una estructura ideológica que le sirva de base. Se debe también, y sobre todo, a que el desafío más profundo de toda vida humana es el tremendo misterio del sentido de la vida y de la realidad toda. El *culto* es el modo en que las *culturas* responden al desafío y la promesa de ese *mysterium tremendum*. Y así la cultura, al tiempo que nos recuerda que nuestras raíces están siempre en la tierra, que somos hechos de polvo, que sin la tierra no comemos ni vivimos, nos recuerda también que, por muy buenos ladrillos que nos hagamos, el cielo se encuentra muy por encima del alcance de nuestras más altas torres. Así como la cultura es imposible sin el cultivo —o sin sus equivalentes en la caza, la pesca o la recolección— así también la cultura es imposible sin el culto.

Si la cultura se relaciona con el cultivo porque es el modo en que un grupo social se enfrenta a los retos y oportunidades de su ambiente, se relaciona también con el culto porque es la manera en que ese mismo grupo social interpreta y le da sentido a la vida y al mundo.

En resumen, como cultivo, la cultura se enfrenta al medio ambiente; como culto, lo interpreta y le da sentido. La cultura tiene una dimensión, por así decir, externa, mediante la cual *responde* a los retos del ambiente, una dimensión interna, a través de la que establece los medios de comunicación entre el grupo, y una dimensión que bien podríamos llamar trascendente, mediante la cual interpreta tanto el ambiente circundante como la cultura misma. Y todos estos elementos se entremezclan y ejercen su influencia el uno sobre el otro, de modo que el culto afecta al idioma y al cultivo, mientras que el cultivo afecta tanto al culto como al idioma, y el culto afecta al idioma y al cultivo. Es más, la distinción misma entre cultivo y culto no es tan clara ni tajante como podría parecer. Desde tiempos antiquísimos, y en la mayoría de las religiones, el culto —la adoración, los sacrificios, la oración— se han utilizado para ejercer influencia sobre el medio ambiente, es decir, para lo que aquí llamo cultivo. Así, un polinesio de religión tradicional ofrece sacrificios para que el volcán se apacigüe, y un cristiano latinoamericano ora para que llueva.

Otro punto interesante en todo esto es que la cultura es el acopio de generaciones y generaciones de experiencia, aprendizaje e interpretación. Un campesino sabe cuál es el mejor tiempo para sembrar el maíz porque lo ha aprendido de toda una larga cadena de campesinos que le han transmitido su experiencia de siglos. La cultura es posible precisamente porque hay comunicación; porque una generación puede pasarle a otra lo que ha aprendido, así como lo que ha tergiversado o corrompido. Por ello, es tan importante lo que llamo la dimensión interna de la cultura. Puesto que en su esencia esta es un modo de comunicarse, todo un sistema de símbolos y significado, los grupos humanos la utilizan para transmitir de una generación a otra la herencia de lo que han aprendido, lo que han decidido, lo que consideran importante, etc.

Esto quiere decir que en cierto sentido una cultura es una memoria colectiva, tanto consciente como inconsciente. Es consciente, por ejemplo, la herencia artística y literaria. Pero, tan importante como esta, es esa otra memoria de cosas que sabemos sin siquiera saber que las sabemos, pero que nuestros antepasados han aprendido y nos han ido legando a través de las generaciones.

Permítaseme un ejemplo. En tiempos relativamente recientes, los científicos han realizado interesantísimos estudios sobre la nutrición. Uno de ellos, llevado a cabo en distintas partes del mundo, se relaciona con las proteínas y su aprovechamiento. Por largo tiempo, se ha sabido que la proteína es necesaria para la buena nutrición, y que las fuentes más completas de proteínas son generalmente las carnes y otros productos de animales. También se ha conocido que hay ciertos productos vegetales, como los frijoles y cereales, que tienen proteínas. Lo que no sabíamos era que esas proteínas de origen vegetal se aprovechan mucho mejor cuando se consumen juntas, en una sola comida. Ahora esos estudios nos revelan que cuando comemos juntos, por ejemplo, el maíz y los frijoles, el aprovechamiento de ambos se multiplica. Lo mismo es cierto del arroz con los frijoles, y de varios otros alimentos. Lo que resulta sorprendente es que eso ya lo sabíamos, no gracias a estudios científicos, sino a la memoria colectiva de las culturas. Por ello, entre las antiguas culturas indoamericanas se acostumbró siempre, sin que supieran por qué, comer frijoles con tortillas de maíz, y quinua con papas y maíz. ¿Cómo sabían tales cosas? Al parecer porque a través de las generaciones, sus antepasados fueron descubriendo que ciertas dietas eran más saludables que otras. Y así la cultura, como memoria colectiva de los pueblos, incluye conocimientos cuyos orígenes se pierden en la penumbra de la prehistoria.

Esos conocimientos nos ayudan con lo que aquí he llamado el cultivo, es decir, el uso de los recursos del ambiente para satisfacer las necesidades. Pero también se arraigan en el culto, en la interpretación que las culturas le dan a la realidad toda. Y así el cultivo del maíz, y toda la sabiduría que ese cultivo encierra, se atribuye en nuestras culturas ancestrales a los mismos dioses que nos dieron la vida.

Luego, una cultura no es sólo una serie de artefactos —instrumentos de caza, vestimenta, vivienda, etc.— ni es tampoco un medio interno de comunicación e interpretación, un idioma, una cosmovisión, sino ambas cosas fundidas en una, impactándose mutuamente, y ambas unidas por una interpretación de la realidad, por un culto. Por ello, repito, es importante recordar que la cultura es cultivo y culto.

Pero hay más. De todo lo que antecede, se debe concluir en que el ser humano no puede vivir sin cultura. La cultura es tan nuestra y tan inevitable como el aire que respiramos. Querer vivir sin cultura es como desear vivir sin aire. Y como el aire, que aunque siempre está en torno nuestro, frecuentemente queda olvidado, así también la cultura está presente en toda nuestra vida y en todas nuestras acciones, aunque no nos demos cuenta de ello. Ella se refleja en nuestras acciones y pensamientos desde el momento en que despertamos hasta el momento cuando quedamos dormidos, y aun entonces continúa activa en nuestros sueños y pesadillas.

Esta imagen de la cultura como el aire que respiramos nos indica entonces tres cosas. La primera, ya la hemos mencionado: la mayoría de las veces, está sencillamente ahí, como el aire que respiramos y no notamos. La segunda sugiere que, como el aire, la cultura se nota más cuando algo la perturba. Nos percatamos del aire solamente cuando el viento sopla, o cuando nos falta. De igual manera, nos percatamos de nuestra cultura cuando algo la reta, cuando alguien dice o hace algo que no encaja en ella, cuando nos encontramos en un ambiente tan extraño que nuestros patrones culturales no funcionan, cuando hay un encuentro entre dos o más culturas. Y la tercera señala que es imposible separar entre lo que hacemos o pensamos, por una parte, y nuestra cultura, por otra. Lo que hacemos lleva el sello de nuestra cultura a tal punto que sin ella pierde o cambia de sentido. No es posible abstraer la vida de la cultura, o las ideas de la cultura, o la fe de la cultura.

Como veremos más adelante, esto implica que la solución común de sugerir que en la misión se debe distinguir la cultura del evangelio, y predicar el uno sin la otra, aunque parezca muy lógico y muy fácil, en realidad no es posible.

Empero, ya que hablamos de culto, pasemos más directamente a los temas teológicos, preguntándonos qué nos dice la teología cristiana acerca de la cultura. En este contexto, lo primero que se debe señalar es que la cultura es parte del plan o propósito de Dios en la creación del ser humano. En este punto concuerdan las dos versiones de la creación en los primeros capítulos del Génesis. En la primera, Dios dice: [...] *Hagamos al ser humano a nuestra imagen y semejanza. Que **tenga dominio** sobre los peces del mar, y sobre las aves del cielo; sobre los animales domésticos, sobre los animales salvajes, y sobre todos los reptiles que se arrastran por el suelo* (Gn 1.26). En la segunda, se nos cuenta que *Dios el Señor tomó al hombre y lo puso en el jardín del Edén **para que lo cultivara y lo cuidara*** [los resaltados son míos] (Gn 2.15). Tanto en un caso como en el otro, el relacionarse con la tierra, el hacer de ella algo nuevo, el desarrollar cultura, es parte del propósito para el cual el ser humano fue creado.

Al leer la historia del huerto, frecuentemente nos imaginamos que el propósito de Dios era que todo se quedara así, como estaba, y que de no haber mediado el pecado, todavía andaríamos desnudos y ociosos en el huerto. Pero no. Desde sus mismos inicios, la humanidad recibe de Dios una comisión: cultivar el huerto, señorear sobre el resto de la creación. Ese cultivo y ese señorío han de ser a imagen y semejanza de Dios, quien crea cosas nuevas; por tanto, la creatividad humana y el esfuerzo humano por entender y gobernar el resto de la creación, son parte de la buena creación de Dios.

Hay una canción popular dominicana que dice: «El trabajo se lo dejo sólo al buey, porque el trabajo lo hizo Dios como castigo». Esa idea de que el trabajo es castigo por el pecado, aunque bastante común, no es lo que la Biblia dice. El trabajo, el cultivar el huerto, el ser responsable por el resto de la creación, no es castigo, sino parte de la buena creación de Dios. Lo que sí es resultado del castigo es que el trabajo se vuelva trabajoso, que la tierra produzca cardos y espinas.

Este punto es importantísimo, pues se relaciona estrechamente con nuestra visión de los propósitos de Dios. En particular, se relaciona con cierto primitivismo que se ha vuelto bastante común en algunos círculos. Quienes sostienen esto, al ver los desmanes que la civilización comete, no sólo entre seres humanos, sino también en perjuicio del medio ambiente, sostienen que la idea misma de civilización es un grave error, y que la mejor vida es la más sencilla, la que no hace uso de los inventos recientes. Dicen entonces que el proceso mismo por el cual las gentes han aprendido a cultivar la tierra con mejor producción, a vestirse con mayor facilidad, etc., es una corrupción de la verdadera naturaleza del ser humano, cuya felicidad se encuentra en la vida primitiva.

Aun cuando nos percatemos de las terribles consecuencias de la acción humana sobre el medio ambiente, tal primitivismo no es la solución. No lo es, porque las mismas culturas que contaminan la atmósfera y el mar, y que destruyen especies enteras de animales y plantas, nos proveen los medios para curar gran número de enfermedades que antes parecían incurables, de modo que podamos seguir aspirando a esa vida primitiva que algunos sugieren. (Yo mismo, de no haber sido por la medicina moderna, habría muerto de apendicitis a los siete años de edad). Y ese primitivismo tampoco es la solución porque no es lo que la Biblia misma sugiere. En la Biblia, Dios crea al ser humano para que cultive el huerto, para que señoree sobre el resto de la creación, para que se multiplique y llene la tierra.

Aun aparte de tales posturas primitivistas, lo cierto es que a través de las generaciones la mayoría de los cristianos se han acostumbrado a pensar que el propósito final de la creación se cumplió al sexto día, es decir, que Dios hizo todo como debería ser; que todo ya estaba hecho, y así se habría quedado de no haber sido por la caída. Pero lo que el Génesis dice es distinto: el huerto ha de cultivarse. Y el cultivo mismo, como hemos venido señalando, es una manera de afectar el medio ambiente de modo que su producción no sea la misma que lo sería por su propia naturaleza.

La idea según la cual el huerto de Edén era el propósito final de la creación, se encuentra profundamente arraigada en una tradición teológica que ha dominado buena parte de la teología occidental. Según esa tradición, el hecho mismo de que haya historia es resultado de la caída, pues sin la caída no habría habido necesidad sino de permanecer eternamente en el huerto.

Pero hay otra antiquísima tradición cristiana, frecuentemente olvidada en Occidente, que ve el huerto y las historias de Génesis como el comienzo de la creación. La figura cimera en esa tradición es Ireneo de Lyon, pastor cristiano de la segunda mitad del siglo segundo a quien la teología contemporánea comienza a redescubrir. Sin entrar en detalles sobre su teología[2], vale la pena señalar que Ireneo —y buen número de los antiguos escritores cristianos junto con él— ve la historia como parte del propósito de Dios. No es que Ireneo piense que todo cuanto ocurre en la historia esté bien, o que el curso actual de la historia refleje la voluntad de Dios, sino sostiene que el hecho de haber historia fue siempre parte del plan de Dios. Él hizo a Adán y Eva, no como deberían ser al final, sino para que se desarrollaran y crecieran, como él dice, en justicia, de modo que pudieran gozar de comunión más plena con Dios.

Todos sabemos que tras Génesis 1 y 2 viene Génesis 3. A las historias sobre la creación, siguen las historias sobre la tentación, el pecado, la maldición, la expulsión del huerto. Las

---

2 Esto lo he discutido más ampliamente en *Retorno a la historia del pensamiento cristiano: Tres tipos de teología* (Buenos Aires: Kairós, 2004).

cosas no son como debieron haber sido. Este asunto tendremos oportunidad de tratarlo en el próximo capítulo, pues toda cultura humana, al tiempo que refleja el don de Dios, refleja también el pecado humano. Pero, por lo pronto, es importante señalar que, aun después de la caída, Dios participa con el ser humano en la creación de la cultura. Un detalle que muchas veces olvidamos, pero que los antiguos escritores cristianos siempre consideraron de gran importancia, es que aun antes de echarlos del Edén, Dios hace túnicas de pieles para el hombre y la mujer (Gn 3.21). Para esos antiguos padres de la iglesia, como Ireneo, esto era señal del continuo amor de Dios, quien sigue cuidando de sus criaturas humanas a pesar de su pecado. A esto podemos añadir que es también señal de que la cultura es parte de la buena obra de Dios. Es Dios mismo quien, al mismo tiempo que lanza al ser humano a un mundo hostil, le provee los primeros medios para resguardarse contra los rigores de ese mundo.

Decíamos que parte del propósito de Dios al crear a la criatura humana y hacerla libre es que esa criatura desarrolle cultura, que se relacione con su ambiente en creatividad y amor, a imagen y semejanza de la relación de Dios con el mundo y la humanidad. El huerto, tal como Dios lo hizo, no es sino el punto de partida. Parte del propósito de Dios es que en el desarrollo de esa cultura el ser humano produzca algo nuevo, nuevas relaciones con el ambiente que lo rodea. Y no es por casualidad que la historia de la humanidad, que comienza en un huerto donde el ser humano tiene comunión directa con Dios, culmine en una ciudad, en la cual de nuevo el hombre tiene comunión directa con Dios. La ciudad era para los antiguos el símbolo mismo de la inventiva humana, tanto que nuestro término *civilización* viene del Latín *civitas*, ciudad, y, por ello, la civilización no es otra cosa que la *ciudadificación*. En la Biblia, el proceso que va del Génesis al Apocalipsis, del huerto a la ciudad, del árbol de la vida que se prohíbe en el huerto al mismo árbol de la vida que se promete en la ciudad, es parte de los propósitos de Dios para su creación. En resumen, la cultura, los mil métodos por los cuales los humanos se enfrentan a las promesas y desafíos de su ambiente, ven un campo y lo tornan huerto, y hacen de él la base para ese orden social que es la *civitas*, la *polis*; la cultura, en fin, es don, llamado y promesa de Dios.

Lo que antecede es el fundamento de lo que tradicionalmente llamamos *mayordomía*. En algunas iglesias se habla de mayordomía sólo cuando es tiempo de hacer promesas al presupuesto de la iglesia. Pero en realidad la mayordomía es un elemento esencial de lo que la Biblia dice respecto al lugar del ser humano en el universo. En Génesis 2 se nos dice que Dios puso al hombre en el huerto para que lo cultivara. Esto significa que se lo dio para que lo administrase en nombre de Dios, para que fuese su mayordomo. En Génesis 1 se nos dice que al hacer al ser humano —tanto varón como mujer— Dios lo hizo con el propósito de que señoreara sobre el resto de la creación, es decir, que gobernara sobre ella en nombre de Dios. Ese es el principio esencial de la mayordomía: la administración de lo que tenemos, y el hacerlo siguiendo la voluntad de Dios.

Pero hay un aspecto de la mayordomía que muchas veces no notamos. La mayoría de las parábolas de Jesús acerca de este tema son también parábolas acerca de la ausencia de Dios: [...] *Había un propietario que plantó un viñedo. Lo cercó, cavó un lagar y construyó una torre de vigilancia. Luego arrendó el viñedo a unos labradores y **se fue de viaje*** (Mt 21.33; Mr 12.1). [...] *diez jóvenes solteras* [...] *salieron a recibir al novio* [...] *como el novio **tardaba** en llegar, a todas les dio sueño y se durmieron* (Mt 25.1-5). *El reino de los cielos será también como un hombre que, al **emprender un viaje**, llamó a sus siervos y les encargó sus bienes* (Mt 25.14). *Manténganse listos, con la ropa bien ajustada y la luz encendida. Pórtense como siervos que esperan a que **regrese** su señor de un banquete de* *bodas* [...] (Lc 12.35-36). *Un hombre plantó un viñedo, se lo arrendó a unos labradores y **se fue de viaje por largo tiempo*** [los resaltados son míos] (Lc 20.9).

Estamos tan acostumbrados a hablar de la presencia de Dios, de su compañía y consuelo, que rara vez nos detenemos a pensar sobre este tema de la aparente ausencia del Señor. Pero, en cierto modo, la idea misma de mayordomía requiere ausencia, o al menos distancia, espacio. El teólogo danés Søren Kierkegaard decía que el valor y la fidelidad de un soldado no se demuestran cuando el capitán está presente, sino cuando se encuentra ausente. Por ello, un buen capitán no está constantemente vigilando y examinando lo que hacen sus soldados. Al contrario, les da cierta medida de libertad, cierto espacio para que practiquen su lealtad y ejerciten su valor. Lo mismo podríamos decir en términos menos belicosos del jefe de cualquier compañía. Si el jefe insiste en estar presente en todo momento y en todo lugar, mirando y vigilando todo, los empleados no desarrollarán su iniciativa. Nunca se les podrá dar responsabilidades importantes. Nunca se sabrá quiénes son buenos empleados y quiénes no. Un buen jefe les da instrucciones a sus empleados, y entonces les da espacio y libertad para que cumplan sus tareas. Cada cierto tiempo les pide cuentas; pero no constantemente.

Otro ejemplo: Cuando mi hermano y yo éramos niños, nuestros padres nos daban una pequeña remesa semanal. No era mucho dinero, pero con eso contábamos para cualquier merienda en la escuela o cualquier golosina después de la escuela, y con eso también podíamos pagar nuestra entrada si queríamos ir al cine. Nos daban el dinero el lunes, y no nos decían una palabra más. Teníamos completa libertad de administrar y malgastar lo que teníamos. A veces llegaba el sábado y queríamos hacer algo especial; pero no podíamos, porque se nos había acabado la remesa. ¿Qué estaban haciendo nuestros padres? Nos estaban preparando para la vida negándose a intervenir inmediatamente en cualquier problema que tuviésemos debido a nuestra mala administración, y dejándonos gozar del fruto de una buena administración. Para eso, tenían que ausentarse de ese aspecto de nuestras vidas. Pero esa ausencia era señal de una presencia y un cariño mucho mayores que si nos hubieran estado vigilando a cada paso.

Lo mismo sucede con la mayordomía cristiana. La palabra en el Nuevo Testamento que corrientemente traducimos por *mayordomo*, en realidad quiere decir *administrador de la casa*. El mayordomo es *oikónomos*, quien gobierna la casa. Y de ahí derivamos la palabra *economía*, que no es otra cosa que la administración de toda la gran casa que Dios nos ha dado, es decir, la mayordomía de la creación. Practica la mayordomía cristiana quien administra fielmente esta casa que Dios ha dejado a nuestro cuidado.

Luego, la mayordomía, la administración que Dios nos ha dado, se basa en esta difícil realidad de la ausencia de Dios. Dios no está directa e inmediatamente presente, de tal modo que podamos sencillamente desentendernos de los problemas que nos rodean, porque Dios se va a ocupar de ellos. Esa es la gran falacia del famoso argumento de Gamaliel: [...] *Si lo que se proponen y hacen es de origen humano, fracasará; pero si es de Dios, no podrán destruirlos* [...] (Hch 5.38b-39a). Lo cierto es que hay muchas cosas que no son de Dios que sí progresan. De no ser así, no habría mal en el mundo; no habría hambre, ni pobreza, ni guerra, ni terrorismo; no habría injusticia en el mundo y en la iglesia. Dios no siempre interviene directa e inmediatamente para detener el mal o para fomentar el bien. Esa es tarea de las criaturas que Dios ha puesto en la tierra para que la administren en su nombre. En cierto modo, Dios se ausenta; y esa ausencia de Dios es el espacio para nuestra mayordomía.

Pero la otra cara de la moneda también es cierta: el Señor está presente. En términos teológicos, esa presencia se nos da ante todo en la presencia del Espíritu Santo. Jesús mismo lo dijo cuando se preparaba para ausentarse de entre sus discípulos: *Y yo le pediré al Padre, y él les dará otro Consolador para que los acompañe siempre* (Jn 14.16). Esta presencia del Dios ausente es lo que nos permite conocer su voluntad y servirle. Lo que es más, es esa presencia del Dios aparentemente ausente lo que le permite a toda la creación continuar existiendo, pues sin el sostén divino toda ella se desvanecería.

Eso es precisamente lo que sucede en los primeros dos capítulos del Génesis. Dios crea al ser humano y lo coloca en el huerto para que lo labre. Dios sembró el huerto, pero su criatura humana queda a cargo de la labranza. Ciertamente, Dios continuará proveyendo la lluvia y el crecimiento; pero al mismo tiempo le deja este espacio al ser humano para que le dé forma al huerto, para que lo cultive. Dios crea al ser humano para que [...] *tenga dominio sobre los peces del mar, y sobre las aves del cielo; sobre los animales domésticos, sobre los animales salvajes, y sobre todos los reptiles que se arrastran por el suelo* (Gn 1.26). Ciertamente, Dios sigue reinando sobre toda la creación. Pero ahora ha nombrado a esta otra criatura para que sea como su representante, para que gobierne en su nombre; y hacer algo *en nombre* de alguien, implica cierta ausencia de ese alguien.

Bien podría decirse, entonces, que el origen de la cultura está precisamente en ese espacio, en esa comisión que Dios le da al ser humano para que, como representante suyo, cultive el huerto y gobierne sobre el resto de la creación. La cultura es lo que la humanidad hace con ese espacio y ese mundo que le han sido confiados. Por ello, repito, el que haya cultura, y el que la cultura se desarrolle, es parte del propósito de Dios en la creación del ser humano.

Toda administración tiene sus límites. El capitán no le dice al soldado que muestre su valor y su lealtad haciendo lo que le parezca, sino que le marca ciertas pautas que ha de seguir. Si el soldado emplea su poder para abusar de los demás, ello no muestra lealtad, sino todo lo contrario. Pero, a pesar de esa posibilidad, el capitán deja al soldado a cargo de su puesto, dándole instrucciones acerca de lo que debe hacer, y dejando su cumplimiento en manos del soldado. El jefe no le dice al empleado que maneje la compañía y sus fondos a su propio gusto, sino que lo haga según los propósitos de la compañía, y dentro de los límites de su autoridad. Ciertamente, un empleado deshonesto puede hacer uso de su autoridad para robar fondos de la compañía. Pero, a pesar de esa posibilidad, el jefe deja al empleado a cargo de sus responsabilidades. Mis padres sabían que podíamos emplear mal el dinero, o hasta en cosas que ellos hubieran considerado malas, pero, con todo y eso, nos daban nuestra remesa semanal y nos dejaban a cargo de su administración.

Algo semejante sucede en el huerto. Dios le da autoridad a la criatura humana para que lo cultive y coma de él. Pero esa autoridad, por el hecho mismo de ser delegada, ha de tener sus límites. No es como si el jefe de la compañía le diese un cheque en blanco al empleado. Es más bien como si le dijese: "En esto y en aquello me vas a representar; pero sobre este otro aspecto de nuestros negocios no tienes jurisdicción". En medio del huerto hay un árbol del cual los humanos no han de comer. No está allí como una especie de trampa para tentarlo, sino sencillamente porque la mayordomía del humano sobre la creación tiene sus límites. En este caso el límite es el árbol.

Volviendo a lo que decíamos, la mayordomía requiere cierta medida de ausencia. Génesis no lo dice exactamente con esas palabras. Pero es notable que en Génesis 1 y 2 se habla repetidamente de Dios y su obra, mientras que en el episodio de la caída, en Génesis 3.1–7, Dios no parece estar presente. Se habla, sí, de Él, pero en tercera persona, como ajeno al diálogo que tiene lugar entre la serpiente y la mujer, y luego ausente cuando, tanto el varón como la mujer, comen del fruto prohibido. Sobre ese episodio volveremos en el próximo capítulo. Pero, por lo pronto, el punto que deseo destacar es que la mayordomía implica libertad y autoridad, y que esa libertad y autoridad tienen la posibilidad de ser mal empleadas.

Lo mismo es cierto en cuanto a la cultura. Esta requiere libertad y autoridad para construirla, si no por un solo individuo, por todo un grupo humano. El mal uso de esa libertad y autoridad bien puede resultar en grandes males. Pero ello no quiere decir que el hecho mismo de tener cultura, y de desarrollar cultura, sea malo, como tampoco era malo el que el ser humano cultivase el huerto y dominase sobre el resto de la creación.

Luego, sobre la cultura podemos decir lo mismo que diría Ireneo acerca de la historia: el que haya historia no es malo; el problema está en el modo en que se ha desarrollado la historia. El que haya cultura es parte del plan de Dios; el problema está en los giros que las culturas han tomado. Sobre esto volveremos en el próximo capítulo.

# Capítulo 3

# CULTURA Y PECADO

En el capítulo anterior terminamos señalando que, si bien el hecho de que haya cultura es parte del propósito de Dios, la forma concreta que las culturas han tomado no siempre refleja ni sirve a ese propósito. Entre la creación tal como Dios la desea y tal como hoy la experimentamos, media la caída. Sin entrar en discusiones acerca de exactamente en qué consiste la caída, hay unos puntos que deben mencionarse de entrada.

El primero de ellos ya lo hemos mencionado. Según la narración en Génesis 3, aun antes de echar a los humanos del huerto, Dios les hace túnicas de pieles. Desde tiempos antiquísimos, tanto rabinos judíos como teólogos cristianos han visto en esto señal de la compasión de Dios, que no abandona a su criatura aun cuando esta lo abandona, sino que le da vestimentas más cómodas que las hojas con las que antes había intentado cubrirse.

El segundo punto es semejante. Aunque la ira de Dios se manifiesta en las maldiciones sobre el hombre, sobre la mujer y sobre la tierra, el hecho mismo de ser expulsados del huerto no es necesariamente una maldición. También desde tiempos antiquísimos esa expulsión se ha visto como un acto de la misericordia de Dios, que no quiere que el ser humano viva para siempre en su condición de pecado. Dios lo expulsa del huerto porque [...] *no vaya ser que extienda su mano y también tome del fruto del árbol de la vida, y lo coma y viva para siempre* (Gn 3.22). En otras palabras, Dios está librando al ser humano, mediante la muerte, del dolor de una eternidad miserable. Es por eso que este mismo árbol de la vida, de cuyo fruto se nos dice en Génesis que Dios no quiere que el humano coma, se promete en el Apocalipsis: *y corría por el centro de la calle principal de la ciudad. A cada lado del río estaba el árbol de la vida, que produce doce cosechas al año, una por mes; y las hojas del árbol son para la salud de las naciones. Ya no habrá maldición* [...] (Ap 22.2-3).

El tercer punto es que una de las consecuencias de la caída es la sujeción entre los seres humanos, que tristemente se ha vuelto parte de todas las culturas. En el caso de Génesis, vemos esa sujeción en las relaciones del varón con la mujer. Veámoslo más de cerca:

En Génesis 1 no se nos dice mucho acerca de la creación del varón o de la mujer, sino sencillamente que Dios creó al ser humano a su imagen, que lo creó varón y hembra, y que les dio potestad sobre el resto de la creación. En Génesis 2 la historia es más detallada. Allí Dios crea primero al hombre, y decide que [...] *no es bueno que el hombre esté solo. Voy a hacerle una ayuda adecuada* (Gn 2.18). Aquí es interesante notar, en primer lugar, que esta es la primera vez que Génesis dice que algo no es bueno. El ser humano solo no es bueno. Por ello Dios decide crearle "ayuda adecuada". Esas dos palabras merecen aclaración, pues frecuentemente se han interpretado en el sentido de que la mujer debe ser una ayudante sumisa del varón. De hecho, la palabra "ayuda" que se aplica aquí a lo que el varón necesita es la misma que repetidamente se emplea para indicar que Dios es el "ayudador" de Israel y de los fieles. Así, por ejemplo, el Salmo 33.20 (RV60) dice: *Nuestra alma espera a Jehová; nuestra ayuda y nuestro escudo es él.* La ayuda no es cuestión de ser servicial y sumiso, o de darle al otro lo que pida o lo que mande, sino que es más bien el socorrer con fuerza, el apoyar con vigor. Al decir que lo que se busca para el varón es una "ayuda", lo que se quiere decir entonces es que se busca quien pueda apoyarlo y socorrerlo, no porque sea débil, sino porque es fuerte y es fuente de fortaleza. Y la otra palabra, "adecuada" o "idónea", también es interesante. Literalmente, lo que el hebreo dice es "como delante de él", es decir, como su imagen en un espejo. Lo que se busca entonces no es una "ayudante", y mucho menos un ser inferior, sino un ser que, por ser igual al varón, le pueda ser de verdadera ayuda y apoyo, como Jehová lo es de Israel.

Esto lo vemos en lo que sigue inmediatamente. Dios va creando animales y aves. Los crea del mismo polvo de que el varón fue creado, y se los trae al varón, como dice el texto [...] *para ver qué nombre les pondría. El hombre les puso nombre a todos los seres vivos, y con ese nombre se les conoce* (Gn 2.19). En la mente semita, y en la de muchos pueblos antiguos, el nombrar era mucho más que la acción de determinar qué sonidos se emplearían para referirse a algo. El nombrar es también un reclamo de poder sobre lo nombrado. Quien pone nombre reclama autoridad. Luego, aquí el nombrar es parte de lo que Dios dijo antes, que el ser humano tendría poder sobre toda otra criatura.

Pero el hecho mismo de reclamar poder excluye la posibilidad de que el otro sea "ayuda idónea", ayuda como reflejo de sí mismo. Por ello, la creación de los animales concluye con la frase: [...] *sin embargo, no se encontró entre ellos la ayuda adecuada para el hombre* (Gn 2.20).

Es entonces cuando tiene lugar el conocidísimo episodio de la costilla: Dios duerme al varón, le saca una costilla, y de ella hace a la mujer. Y, cuando Dios le trae la mujer al varón, como antes le trajo a los animales, el varón reconoce la unión estrecha entre él y ella: [...] *Ésta sí es hueso de mis huesos y carne de mi carne* [...] (Gn 2.23). En otras palabras, esta sí es como yo. Esta sí puede ser idónea, como mi propio reflejo en las aguas de un lago. Y entonces viene la cuestión de nombrar. Todos los animales le habían sido traídos al varón para que los nombrara y reclamara así autoridad sobre ellos. Ahora que le es presentada la mujer, lo que el varón hace es compartir con ella su propio nombre. Nuestras Biblias traducen este pasaje diciendo: [...] *Se llamará "mujer" porque del hombre fue sacada* (Gn 2.23). La antigua versión decía [...] *será llamada Varona porque del varón fue tomada* (RV60). Lo que sucede es que en hebreo las palabras para "varón" y "mujer" se parecen mucho, de modo que lo que el hombre está haciendo no es dándole a la mujer un nombre, sino compartiendo el suyo con ella. Es como si dijera: "Yo soy varón, aquello es elefante y esto es león. Pero esta es 'varona', porque es la ayuda adecuada que yo necesitaba".

Viene entonces el episodio de la serpiente y la caída, y lo primerísimo que Génesis nos dice tras las maldiciones contra la mujer, contra la tierra y contra el varón es que *a su mujer Adán le puso por nombre Eva*. En otras palabras, que ahora, en lugar de ser "hueso de mis huesos" y "varona", le pondré nombre, y reclamaré así autoridad sobre ella.

En resumen, una de las consecuencias de la caída es la sujeción de los seres humanos entre sí, y en particular del género femenino al masculino. Varias formas de sujeción, explotación y esclavitud aparecerán en las diversas culturas. La cultura, que en principio es parte de la voluntad de Dios para la creación, se vuelve ahora medio y expresión de explotación.

Por último, se debe notar que como resultado de la caída la tierra misma sufre: [...] *¡maldita será la tierra por tu culpa! Con penosos trabajos comerás de ella todos los días de tu vida. La tierra te producirá cardos y espinas, y comerás hierbas silvestres. Te ganarás el pan con el sudor de tu frente* [...] (Gn 3 17-19). Si la cultura es el modo en que un grupo humano responde al medio ambiente —si uno de los elementos fundamentales de la cultura es el cultivo— esto ahora se vuelve una relación de desafío y hasta de enemistad. Ya en el huerto el humano tenía que cultivarlo. Pero ahora no es mera cuestión de cultivar, sino de luchar constantemente contra elementos en la naturaleza misma que dificultan la vida.

Ahora la cultura cobra una dimensión que frecuentemente se torna en hostilidad entre el ser humano y el medio ambiente. A partir de este momento, todas las culturas tendrán que enfrentarse a las dificultades de la vida; dificultades cuyo símbolo y resumen es una tierra que no quiere producir, y de la cual hay que sacar fruto casi a la fuerza. Unas menos, y otras más, todas las culturas humanas se ven obligadas a ver en la naturaleza no sólo una aliada, sino también un desafío. Y, digámoslo de paso, pocas culturas han manifestado un deseo tan impetuoso como la civilización occidental de sojuzgar el mundo, como si la naturaleza fuese nuestra enemiga.

Pero, a pesar de todo ello, esto no quiere decir que el hecho de que haya cultura sea en sí malo, ni que las culturas sean en sí malas. Quiere decir sencillamente que las culturas, como toda realidad humana, han quedado torcidas por el pecado, y que, por tanto, como toda realidad humana, se hallan necesitadas de redención.

Esa torcedura toma forma diferente en las diversas culturas. Sin embargo, a pesar de las diferencias, hay rasgos comunes. Como consecuencia del pecado, toda cultura, además de ser un modo de responder al medio ambiente, es una manera de fomentar la explotación de los débiles y su sujeción a los más fuertes.

En la antigua Atenas, que hoy decimos fue la cuna de la democracia, quienes votaban y tomaban todas las decisiones eran los ciudadanos. Excluidos quedaban los esclavos y las mujeres. Algunos de los famosos filósofos griegos, cuya sabiduría fue tal que hasta hoy, veintitantos siglos más tarde, nos parece digna de admiración, ofrecieron toda clase de razones por las que la esclavitud se justificaba. Así, por ejemplo, Aristóteles sostenía que mientras los griegos eran libres por naturaleza, los demás —los bárbaros— eran esclavos por naturaleza. Claro está, Aristóteles tenía que dejar lugar para casos como el de Sócrates, el maestro de su maestro Platón, quien fue capturado en batalla y por algún tiempo quedó sometido a esclavitud. Pero el hecho es que la tan mentada democracia ateniense lo era sólo para una pequeña porción de la población total. Luego la cultura griega, con todo su esplendor, llevó siempre el sello del pecado.

Lo mismo puede decirse de toda otra cultura. El Imperio romano, con su famosa *pax romana*, encontró también medios de justificar su expansión opresora, y de ahogar en sangre cualquier intento de liberación. España en el siglo quince, a fin de oprimir, explotar y a la postre expulsar a judíos y moros, inventó el mito de la reconquista, que la hacía aparecer como instrumento escogido de Dios para la preservación de la fe. Y el próximo siglo, el dieciséis, se lanzó a su gran empresa conquistadora declarando que lo hacía para la propagación de la fe y por el bien de los habitantes de estas tierras. Los Estados Unidos de Norteamérica siempre dijeron fundamentarse en el principio de que «todos los hombres son dotados por su Creador de derechos inalienables a la vida, la libertad y la búsqueda de la felicidad». Pero en realidad esto se refería solamente a los varones blancos y, según se aplicó en algunos casos, a los varones blancos con propiedades. La misma nación que supuestamente se fundamentaba sobre tales derechos, se dedicó por generaciones a robarles las tierras a los habitantes originales del continente. En la cultura china clásica, se creó un concepto tal de la belleza femenina, que se les deformaban los pies a las niñas, y las mujeres apenas si podían caminar. Roberto de Nobili intentó llevar a cabo en la India una misión que reflejase los valores culturales del país, y con razón se lo criticó por aceptar el sistema de castas como si fuese solamente un elemento inicuo de la cultura de ese país. Y el Imperio de Pachacútec, y la cultura que floreció con él, practicaron las deportaciones en masa de los conquistados. En breve, toda cultura lleva el sello del pecado.

Lo mismo es cierto para la cultura occidental, que tanto ha impactado la modernidad. Es una cultura en extremo individualista, donde la solidaridad tiene escaso lugar, excepto cuando le conviene al individuo. Es una cultura que ve la competencia y la sobrevivencia del más fuerte como el mejor modo de organizar la sociedad y, sobre todo, la economía. Es una cultura que se ha distinguido por su explotación y destrucción del medio ambiente, y que parece basarse en la premisa de que los recursos de la naturaleza no tienen límite.

Esto lo vemos en esa expresión fundamental de toda cultura, que es su idioma. Esta lengua española que hablamos y amamos, y que es uno de los elementos característicos de nuestra cultura, es también resumen de múltiples opresiones e injusticias. Si decimos amo, amas, ama, amamos, amáis, aman, es porque nuestros antepasados romanos conquistaron a nuestros ancestros celtíberos, con todo el dolor y las tragedias que las conquistas siempre originan. La causa por la cual decimos *queso*, que se parece muchísimo más al alemán *Kaese* que al francés *frommage* o al italiano *fromaggio*, es la conquista de nuestros antepasados godos a nuestros ancestros romanos, con todo el dolor y las tragedias que las conquistas siempre originan. Si un *escorpión* es también un *alacrán* y quien construye con ladrillos un *albañil*, y la flor del naranjo se llama *azahar* y le pagamos *tarifas* al gobierno, y guardamos almendras en la *alacena* y decimos *ojalá* cuando deseamos que algo suceda, es porque nuestros antepasados moros conquistaron a nuestros ancestros godos, con todo el dolor y las tragedias que las conquistas siempre originan. La razón por la cual hablamos español y no árabe, es la conquista de nuestros antepasados asturianos, castellanos, aragoneses y catalanes a nuestros ancestros moros, con todo el dolor y las tragedias que las conquistas siempre originan. Si decimos *yo*, y no *eu*, es porque nuestros antepasados castellanos conquistaron a nuestros ancestros gallegos, asturianos y andaluces, con todo el dolor y las tragedias que las conquistas siempre originan. La razón por la cual comemos *yuca* y algunos de nuestros pueblos construyen *bohíos* junto al *batey*, y comemos *chocolate, aguacate, cacahuates* y *maíz*, es la conquista de nuestros antepasados españoles a nuestros ancestros indígenas, con todo el dolor y las tragedias que las conquistas siempre originan. Y si los del Caribe comemos *malanga* y *quimbombó* y *mangú* y *fufú* y *mofongo*, es porque nuestros antepasados españoles esclavizaron a nuestros ancestros africanos, con todo el dolor y las tragedias que la esclavitud siempre origina.

Y, para que no pensemos que esto es cierto solamente en nuestra cultura, veamos muy brevemente un ejemplo tomado del inglés. En esa lengua, hay palabras distintas para el animal vivo y para su carne. Así, una *cow*, vaca, se vuelve *beef* cuando se la cocina. La *sheep*, oveja, se vuelve *mutton*; y el *hog*, cerdo, *pork*. Lo que es notable es que en todos estos casos la palabra para el animal vivo tiene origen anglosajón, mientras que la palabra que se refiere a su carne es parecida al francés. ¿Por qué? Sencillamente porque en el año 1066 los normandos del norte de Francia conquistaron Inglaterra, y por largas generaciones la población anglosajona quedó supeditada a los normandos. Luego, la diferencia de nombres entre el animal vivo y su carne refleja el hecho de que eran los anglosajones oprimidos quienes criaban los animales, y los normandos privilegiados quienes comían su carne.

Toda cultura lleva el sello del pecado en sus propias prácticas internas, en el modo en que se organiza, en la forma en que justifica la opresión y la injusticia, y frecuentemente en la manera en que pretende imponerse sobre otras culturas.

Esto nos lleva a otro modo en que el pecado se manifiesta en la cultura. Decíamos al principio que una cultura es el modo en que un grupo humano responde a los retos de su medio ambiente y se comunica entre sí. Pero ahora se debe añadir que para cualquier cultura parte de su medio ambiente son las otras culturas que la rodean, o con las que se topa por cualquier razón. Y en ese encuentro entre culturas se ve también el sello del pecado. Así como por razón del pecado el ser humano ve ahora al otro ser humano como objeto de explotación, y por el mismo motivo ve la tierra como enemiga renuente de la cual hay que extraer el sostén, así también, por razón del pecado, cada cultura ve a las demás como parte de un ambiente hostil y, por tanto, como contrincante que se debe eliminar o absorber.

Digámoslo bien claramente: por razón del pecado toda cultura tiene ambiciones imperialistas. Por su propia naturaleza, cualquier cultura se imagina ser el mejor modo de responder a las realidades de la vida y de interpretar esas realidades. Cuando entonces se topa con otra cultura, con un modo alterno de responder a la realidad y de interpretarla, ese modo alterno amenaza su propio ser y, por tanto, aquella otra cultura se ve como enemiga que se debe vencer.

En cierto modo, esa es la base del imperialismo. A través de la historia, los imperios se han autojustificado viéndose a sí mismos como portadores de una cultura superior cuyos beneficios querían hacer llegar a sus vecinos. Pero, en realidad, lo que han intentado siempre ha sido imponer su cultura sobre sus vecinos, y explotarlos con la excusa de que no pertenecían totalmente a la cultura supuestamente más avanzada del imperio. Así se justificaron las invasiones persas en territorios griegos, con el propósito de llevar a esas tierras los pretendidos beneficios de ser súbditos de quien los persas llamaban el "Rey de Reyes". Así se justificaron las conquistas de Alejandro, cuya intención era entregar los logros de la civilización griega al resto del mundo, incluso a la misma Persia que antes había invadido a Grecia. Así se justificaron las conquistas romanas, cuyo propósito era llevarle al resto del mundo los beneficios del orden romano y de sus leyes, sobre todo construyendo ciudades al estilo de Roma. Así se justificaron las conquistas árabes, cuya intención era entregar la luz del Corán a los pueblos infieles. Así se justificaron las conquistas incaicas, cuyos *mitimaes* les llevaban a los pueblos conquistados los beneficios de lo que habían recibido de *Mancu Qhápaj y Mama Ojllo*. Así se justificaron las conquistas españolas, en las que la espada y la avaricia se escondieron tras el pendón de la cruz y la evangelización. Así se justifica la invasión norteamericana a Irak, la cual supuestamente es parte de un proceso de llevar las ventajas de la democracia y la libre empresa al Medio Oriente.

Naturalmente, tras todo esto se esconden otros elementos más crudos. Los macedonios deseaban posesionarse de las riquezas de Egipto y Persia. Los romanos, de las de los galos e iberos. Los árabes, de las tierras fértiles de Mesopotamia, Egipto y el norte de África. Los incas, de las del Collasuyo y el Chinchaysuyo. Los españoles, de las del Tahuantinsuyo. Y los norteamericanos y británicos, de las de Irak. Y en esto también se ve el sello del pecado en las culturas, en el modo en que se prestan a servir de excusa para lo que no es más que avaricia y deseos de poder.

Quizá el modo más insidioso en que el pecado afecta las culturas esté en cómo esas mismas culturas vienen a entender lo que es pecado y lo que no lo es. Esto lo vemos con mayor facilidad al mirar hacia otras culturas que no son la nuestra, porque, por lo general, se nos hace difícil ver cuán erróneo puede ser lo que nos parece completamente natural. Así, podemos regresar a los ejemplos de los pies deformes de las mujeres chinas y el de quemar a las viudas en la cultura de la

India, y notar que a quienes vivían en esas culturas hace un par de siglos, tales prácticas no les parecían mal. Lo mismo fue cierto en la cultura occidental respecto a la esclavitud, que muchos llegaron hasta a justificar con fundamentos supuestamente bíblicos.

Veamos un ejemplo que nos toca más de cerca. La mayoría de nosotros, al leer en Génesis que la serpiente les prometió a quienes deseaba tentar que llegarían [...] *a ser como Dios* [...] (Gn 3.5), sacamos la conclusión casi inmediata de que la raíz del pecado es el orgullo. Así lo ha entendido la iglesia occidental; es decir, la de habla latina desde tiempos de San Agustín, a fines del siglo cuarto y principios del quinto. Sobre esa base, decimos que todo lo que sea orgullo es pecado.

Pero ese mismo pasaje no siempre se ha interpretado del mismo modo. En el siglo segundo, cuando los cristianos eran perseguidos y humillados, nos encontramos con otra interpretación. Según esta, los humanos ya eran "como dioses", pues en Génesis 1.26 se declara que Dios los hizo a su imagen y semejanza. En tal caso, el pecado no está tanto en el orgullo como en olvidarse de su propia naturaleza como seres creados a imagen y semejanza de Dios. La mentira de la serpiente está en hacerles creer que no eran verdaderamente imagen y semejanza de Dios, cuando de hecho sí lo eran.

La importancia de esto es enorme, incluso para la vida práctica de los creyentes. Si un obrero agrícola, constantemente atropellado por los grandes terratenientes, empieza a pensar que debería protestar o a sopesar la posibilidad de organizar a sus compañeros para reclamar sus derechos y su dignidad, y vive en una cultura en la cual se le dice que el orgullo es la raíz del pecado, muy posiblemente pensará que, como cristiano, no debe protestar, sino sencillamente soportar su situación con paciencia. Si una mujer empieza a pensar en la posibilidad de estudiar o ejercer algún oficio, pronto escuchará voces que de mil maneras distintas le dirán que pensar en hacer tales cosas es caer en el orgullo y, por tanto, en el pecado.

Pero también puede ser lo cierto todo lo contrario. Posiblemente la gran tentación de ese obrero campesino y de esa mujer no esté en querer ser como dioses, sino en olvidarse de que ya son hechos a imagen y semejanza de Dios. Lo que ha sucedido en tales casos es que la cultura ha definido para ese obrero y esa mujer en qué consiste el pecado, y lo ha hecho mal. Una vez más, el pecado corrompe no sólo las culturas, sino hasta el modo mismo en que estas miden y entienden la corrupción.

Hay todavía otro modo en el que el pecado se manifiesta al tratar las culturas, de lo cual debemos estar conscientes al pensar sobre el tema. No se trata ya de la presencia del pecado en las culturas mismas, sino de su presencia en el modo en que las definimos y distinguimos. Toda cultura es una realidad de límites imprecisos, y el modo en que esos límites se definen tiene mucha relación con el pecado.

Para entender esto, posiblemente lo mejor sea comparar la cultura con la familia. Al mismo tiempo que la familia es una realidad indiscutible, es también una realidad indefinible, pues no se le pueden poner límites precisos. Mi padre, mi madre y mis hermanos y hermanas son parte de mi familia. Pero también lo son mi primo, mi tía, mi sobrino, su esposa, mi primo segundo, mi prima tercera, su esposo y así sucesivamente. Lo que es más, cada uno de nosotros pertenece a más de una familia. Al casarme con mi esposa, vine a ser parte de su familia, y ella de la mía. Pero, al mismo tiempo que pasé a ser parte de su familia, seguí siendo parte de la mía. Puesto que lo mismo es cierto en cada uno de nuestros otros parientes, la familia se define según nos parezca, y según la conveniencia del caso.

Lo mismo sucede con la cultura. Por ejemplo, ciertamente hay una cultura mexicana. Pero ¿qué sucede con los mexicanos que pasan a vivir a los Estados Unidos? ¿Hasta cuándo siguen siendo mexicanos? Si viven por largo tiempo en los Estados Unidos, sus hijos, si no ellos mismos, adoptan mucho de la cultura norteamericana. Al llegar a la tercera o cuarta generación, participan sin lugar a dudas de parte de la cultura estadounidense; pero siguen participando también de la mexicana. Si uno de ellos se casa con una coreana, sus hijos participarán en cierto grado de la cultura norteamericana, la mexicana y la coreana.

Mas, la dificultad en cuanto a definir los límites de las culturas, existe también en el seno mismo de cualquiera de estas. En cierto sentido, todos los mexicanos participan de la cultura mexicana. Sin embargo, también hay dentro de México, como parte de esta cultura, una cultura yucateca y otra veracruzana. En ciertas circunstancias, un yucateco dice que es mexicano; pero, en otras, ese mismo mexicano dice que es yucateco. Y en el propio Yucatán hay diferencias entre la costa y el interior, de modo que una misma persona unas veces puede decirse costeña, otras yucateca y otras mexicana.

¿Qué principios se usan entonces para definir las culturas? Aunque los antropólogos tratan de definir y clasificar las culturas según una serie de principios y juicios supuestamente científicos y objetivos, lo cierto es que en la mayoría de los casos son principios de conveniencia o de circunstancia los que definen una cultura. Un líder político yucateco puede hablar de la cultura yucateca porque de ese modo, contraponiéndose a las tendencias centralizadoras de la capital, puede lograr mayor apoyo popular. Pero otro puede apelar al nacionalismo mexicano y decir poco acerca de las particularidades yucatecas.

En resumen, los límites de las culturas son imprecisos, y no se puede tomar a una persona y determinar objetiva y científicamente a qué cultura pertenece.

Pues bien, el pecado se manifiesta también en el modo en que las culturas se definen. Sobre esto, basten dos ejemplos. El primero viene de nuestra América. El nombre de América Latina, por el que muchos de nosotros entendemos nuestra cultura común, no lo inventamos nosotros mismos. Fue en realidad un invento francés, cuando después de la independencia de nuestros países, Francia e Inglaterra pugnaban por la hegemonía en América. Pronto Inglaterra se reconcilió con la idea de la independencia de sus colonias norteamericanas y se restablecieron vínculos de comercio y otros con los Estados Unidos. Por su parte Francia, como un modo de reclamar una relación especial con nuestros países, empezó a llamarnos América Latina, argumentando que, puesto que su lengua era también de origen latino, había cierta afinidad especial entre nuestros países y Francia, y el nombre de América Latina se nos quedó. Y, aunque hay motivos poderosos para darle a nuestro continente un nuevo nombre tomado de alguna lengua indígena, tampoco podemos olvidar que el hecho mismo de la lengua que escojamos —si el quechua, el náhuatl o el arawak— reflejará decisiones arbitrarias.

El otro ejemplo viene de California, en los Estados Unidos. Puesto que California había pertenecido antes a México, había allí una fuerte población de origen mexicano. Cuando los políticos californianos quisieron que el territorio llegara a ser un Estado de la Unión, se les dijo que había muchas diferencias culturales entre California y el resto del país. A ello respondieron los políticos que la población mexicana era también de cultura occidental y que, por tanto, aunque los indios no contaran, los mexicanos sí deberían contar. Sobre esa base, California se hizo un Estado. Pero poco después, en uno de los primeros juicios que tuvieron lugar en el nuevo Estado de California, se les negó a los mexicanos servir de testigos, porque no eran blancos como los demás y su cultura era diferente.

En resumen, la cultura y las culturas han quedado manchadas de pecado, tanto en sus prácticas internas como en el modo en que se conciben y se definen unas a otras.

Una vez más, esto no quiere decir que la cultura —el hecho de que haya cultura— ha de desecharse, pues, como hemos visto, la cultura misma —el cultivo y el culto— es parte del plan de Dios para su creación. Pero sí quiere decir que la cultura ha de verse siempre, como toda realidad humana, bajo el sello del pecado.

La importancia de esto está en que uno de los modos más insidiosos en que el pecado penetra en la iglesia es creando confusión entre el evangelio y la cultura, como si los dos fuesen lo mismo. Cuando esto sucede, se pierde el poder del evangelio para juzgar y corregir la cultura, rápidamente se confunde la fe cristiana con lo supuestamente "mejor" de la cultura en que se vive, y se llega a pensar que las diversas encarnaciones de la fe cristiana en diversas culturas son herejías inaceptables.

Respecto a esto, se pueden citar dos ejemplos, ambos con trágicas consecuencias. El primero se refiere a la división entre el Occidente de habla latina y el Oriente de habla griega. Lo que sucedió en ese caso fue que cada una de estas dos alas de la iglesia llegó de tal modo a adaptarse a su cultura, que se vio imposibilitada de reconocer el evangelio tal como se encarnaba en la otra. El resultado fue el primero de los grandes cismas que ha sufrido el cristianismo.

El segundo, aún más trágico, es lo que sucedió en Alemania con el creciente nacionalismo que llevó a Adolfo Hitler al poder. Llevados por ese nacionalismo, y convencidos de que su cultura era superior a tal punto que el evangelio se identificaba con ella, el movimiento de los "cristianos alemanes" le prestó apoyo a Hitler y se hizo así cómplice de todos sus crímenes. En este hecho, se puede ver la consecuencia extrema de la tendencia de los teólogos protestantes alemanes del siglo

XIX de pensar y argumentar que el cristianismo protestante no era sino la mejor expresión del cristianismo dentro de la modernidad. Cuando los nacionalistas alemanes llegaron a la conclusión de que la cultura y raza alemanas eran la mayor y mejor expresión de los destinos humanos, les fue fácil convencer a aquellos cristianos de que en fin de cuentas las dos cosas iban juntas, y que el nacionalismo alemán era perfectamente compatible y hasta se confundía con el evangelio. La cultura es buena. La cultura es bella. La cultura merece respeto. Pero la cultura, como toda realidad humana, lleva el sello del pecado y bien puede ser instrumento de pecado.

# Capítulo 4

## CULTURA Y DIVERSIDAD

En el capítulo 2 señalamos que la cultura es parte del propósito de Dios para la creación y que, por tanto, el que haya cultura es señal de la presencia y de la obra de Él. En el capítulo 3, sin embargo, hicimos la advertencia de que, si bien el que haya cultura es parte del propósito creador de Dios, la forma actual en que las culturas se presentan lleva siempre el sello del pecado. Más adelante tendremos que sacar algunas de las consecuencias teológicas y prácticas de todo esto.

Por lo pronto, cabe preguntarnos: si bien es cierto que la cultura, el enfrentarse con creatividad a las oportunidades y desafíos del ambiente, es parte del propósito de Dios y que toda cultura lleva el sello del pecado, ¿qué decir de las *culturas* en plural? Ciertamente, la diversidad de culturas se encuentra en la raíz misma de muchos de los más sangrientos conflictos de la historia y del presente. En la iglesia misma, la diversidad de culturas produce malos entendidos, tensiones y prejuicios que todos conocemos.

Si volvemos a las narraciones del Génesis, vemos que allí también se discute este tema. Al principio del capítulo 11 se nos dice que *En ese entonces se hablaba un solo idioma en toda la tierra* (Gn 11.1); es decir, no había sino una sola cultura. En el resto del capítulo vemos que esa cultura evoluciona según cambian las circunstancias. ***Al emigrar al oriente**, la gente*

***encontró una llanura en la región de Sinar*** [el resaltado es mío] [...] (Gn 11.2). La tierra de Sinar está en Mesopotamia, una llanura fluvial donde no hay piedras, sino lodo. El contexto cambia, y eso lleva a cambios culturales. Por ello la narración continúa: *Un día se dijeron unos a otros: «Vamos a hacer ladrillos, y a cocerlos al fuego». Fue así como usaron ladrillos en vez de piedras, y asfalto en vez de mezcla* (Gn 11.3). Aquí encontramos un ejemplo de lo que decíamos antes respecto a cómo nuevos desafíos producen cambios en la cultura. Al pasar a una nueva región en la que no hay piedras, la solución es hacerse "piedras" de lodo cocido: *Vamos a hacer ladrillos, y a cocerlos al fuego.*

Como sucede siempre en la condición humana, a estos nuevos desarrollos culturales les siguen sueños de grandeza y de poder[3]. La construcción en piedra tiene sus límites en cuanto a cuán alta puede ser, sobre todo en la antigüedad cuando los instrumentos eran escasos y era difícil cortar la piedra en bloques con caras perfectamente paralelas. Pero el ladrillo no parecía tener esa desventaja. Al contrario, los ladrillos podían fabricarse de la forma y tamaño deseados. En teoría, tal parecería que con ladrillos se podrían construir edificios cada vez más altos. Por ello, continúa la narración del Génesis: *Luego dijeron: «Construyamos una ciudad con una torre que llegue hasta el cielo. De ese modo nos haremos famosos y evitaremos ser dispersados por toda la tierra»* (Gn 11.4).

Ese es el problema esencial de toda cultura y de toda empresa humana: la autoridad que nos ha sido dada para usar los recursos de la tierra nos hace soñar con un poder que llegue al cielo. La autoridad que les fue dada a los primeros humanos para cultivar el huerto no les pareció suficiente, sino que fueron y comieron del árbol prohibido. Ese intento de afirmar la autoridad propia se fundamenta, como vimos antes, en la

---

3 Bien recuerdo el día que los rusos colocaron el primer satélite en órbita, y el día que los norteamericanos llegaron a la Luna. En ambos casos los diarios proclamaban: «Ha comenzado la conquista del espacio».

duda acerca de la fidelidad de Dios. Ya eran como dioses; y sin embargo la serpiente los tienta diciéndoles [...] *llegarán a ser como Dios* [...] (Gn 3.5). Los ladrillos que debían haberse usado para albergar a las gentes, se usan ahora para usurpar el lugar de Dios, para llegar al cielo. En este caso también puede verse la desconfianza hacia Él, quien les había dado el arcoíris como señal de que nunca más volvería a haber un diluvio; pero las gentes no creen en la señal del pacto, y se proponen construir una torre tal que ningún diluvio pueda anegarla.

El texto nos da otro detalle que muchas veces no notamos. Los constructores de la torre están preocupados por la posibilidad de ser [...] *dispersados por toda la tierra* (Gn 11.4). Es en respuesta a esa preocupación que deciden construir la torre.

El resto de la historia todos lo conocemos desde la niñez: A Dios no le gusta lo que los humanos están haciendo, y dice: «[...] *Será mejor que bajemos a confundir su idioma, para que ya no se entiendan entre ellos mismos*» (Gn 11.6–7). El resultado es la confusión de lenguas, de modo que el magno proyecto ya no puede construirse, y el pueblo que quiso hacerse famoso y edificar una ciudad para no ser dispersados por toda la tierra, recibe precisamente lo que quiso evitar: Así [...] *el* SEÑOR *los dispersó desde allí por toda la tierra, y por lo tanto dejaron de construir la ciudad* (Gn 11.8). Quienes comenzaron su construcción precisamente por temor a ser esparcidos, resultan esparcidos debido precisamente a su construcción. Y ahora, en lugar de [...] *un nombre* [...] (Gn 11.4 RV60), tienen muchos nombres, pues sus lenguas ya no son las mismas.

Tradicionalmente se ha entendido esta historia en el sentido de que Dios castiga la soberbia humana, y el resultado de ese castigo es la multiplicidad de lenguas, de modo que los diversos pueblos tienen dificultad para entenderse unos a otros. Y no cabe duda de que esa es una cara de la moneda.

Pero hay otra cara de la moneda. La confusión de lenguas es también una acción liberadora por parte de Dios. Los humanos se han hecho esclavos de su soberbia. En lugar de usar su poder de crear cultura para el bien de la tierra y la humanidad, lo quieren emplear para alcanzar el cielo, es decir, para usurpar el poder de Dios. Al confundir sus lenguas, Dios destruye sus sueños de grandeza, la gran ciudad queda abandonada y la soberbia cae por tierra. La confusión de lenguas, al tiempo que obliga a la humanidad a abandonar el proyecto de la gran torre, le permite volver a su legítimo proyecto de cultivar el huerto, de señorear sobre la creación en nombre y representación de Dios.

En cierto modo, todavía hoy la diversidad de culturas tiene la misma función. Es por eso que las culturas dominantes muestran tantas dificultades para aceptar el valor de otras culturas. Las culturas dominantes poseen también sueños de alcanzar el cielo, de volverse el poder que lo controle todo, de sojuzgar la tierra y construir una gran torre que llegue al cielo, de olvidarse de que existen sólo por la gracia de Dios. En tal situación, las otras culturas que vienen a confrontar a la cultura dominante, tanto desde fuera como dentro de su propio seno, bien pueden verse como dones de Dios, no sólo para quienes participan de esas culturas, sino también para la cultura dominante, la cual queda entonces liberada, aun a pesar suyo, de sus ambiciones de construir torres que lleguen al cielo, de su miopía estética e intelectual, de sus sueños imperialistas.

Si la confusión de lenguas en Babel les impidió continuar con sus idólatras sueños de grandeza, la confusión de culturas de hoy, por mucho que no nos guste y nos confunda, al menos sirve para recordarle a toda cultura que es parcial y finita; que ella no es la única que habita el planeta; que su modo de ver y hacer las cosas no es el único factible. En otras palabras, que la diversidad de culturas sirve de freno ante las tendencias imperialistas de toda cultura.

La diversidad de culturas ha sido siempre tema obligado tanto para la teoría como para la práctica misiológicas. Ciertamente, esa diversidad plantea preguntas y problemas difíciles de resolver. Nadie sabe eso mejor que nosotros los evangélicos latinoamericanos, pues nuestra fe nos ha llegado de culturas diferentes de las nuestras. Sobre ese tema, y acerca del problema de la variedad de culturas, volveremos repetidamente. Pero por lo pronto, como advertencia inicial, es necesario recordar que, a pesar de todas las dificultades que la diversidad de culturas puede crear, la existencia de una sola cultura crearía problemas aun mayores, problemas de una soberbia idolátrica semejante a la de los constructores de la torre de Babel.

Esto podemos ver precisamente en un pasaje bíblico que frecuentemente se ha interpretado como la contradicción total de la torre de Babel, pero donde vemos que no sólo la cultura en el sentido abstracto, sino la presencia del evangelio en una diversidad de culturas, es parte de la obra de Dios. Me refiero a la historia de Pentecostés en Hechos 2. Desde tiempos patrísticos se ha vuelto tradición en la iglesia cristiana contrastar estos dos pasajes. Y hay buenas razones para ello. La historia de Babel se nos presenta en medio de una larga lista de naciones; la de Pentecostés incluye una antigua lista de naciones. En Babel, los humanos intentan ascender al cielo; en Pentecostés, Dios desciende en la Persona del Espíritu Santo. Babel fue el colmo de la soberbia humana, queriendo posesionarse del cielo; Pentecostés es el momento en que Dios se posesiona de los humanos. Por lo general, el propósito de todas estas comparaciones y contrastes es mostrar que en Babel desapareció la unidad y surgió la confusión de lenguas, mientras que en Pentecostés desaparece la confusión y se restablece la comunicación entre personas de diferentes lenguas.

Empero, estudiemos con detenimiento el texto de Hechos y veremos que, al tiempo que sí hay ciertos contrastes, estos no son absolutos. En Hechos 2.6 se nos dice que [...] *se agolparon y quedaron todos pasmados porque cada uno los escuchaba hablar en su propio idioma* (Hch 2.6). La palabra *pasmados*, que en la versión de Reina-Valera revisada se traduce como *confusos*, es la misma palabra que aparece en el texto de la

Septuaginta en Génesis 11.7, donde Dios dice [...] *descendamos y confundamos allí su lengua* [...]. Luego, si bien es cierto que el Pentecostés produce unidad, no se trata de una unidad sin confusión ni diferencias, como la que Génesis nos pinta antes de la torre de Babel.

Pentecostés no es sencillamente la cancelación de Babel. Según el Génesis, antes de Babel había solamente una lengua; después de Pentecostés, según Hechos, sigue habiendo una multiplicidad de lenguas. En Babel, Dios interviene para causar confusión; en Hechos, la intervención de Dios también causa confusión entre la multitud. Lo que es más, en ambas historias la narración se mueve desde la unidad hacia la diversidad. Al principio de la historia de Babel, la unidad de lengua les permite a aquellas gentes dedicarse a un proyecto común; al final de aquella historia, ya no se entienden y el proyecto común queda abandonado. Al principio de la narración de Pentecostés, [...] *estaban todos juntos en el mismo lugar* [...] (Hch 2.1), al parecer hablando una sola lengua; al final de la historia, esas mismas personas están hablando una multitud de lenguas, y parte del resultado ha sido perplejidad, confusión y hasta división entre los presentes, pues unos interpretan lo que ven de una manera, y otros de otra.

La historia de Pentecostés es de todos conocida. Lo que muchas veces no vemos en esa historia es que el poder del Espíritu Santo es muy diferente del poder en las estructuras jerárquicas humanas. En primer lugar, con sólo leer el comienzo del discurso de Pedro, vemos que el poder del Espíritu Santo se manifiesta, no en la creación de una jerarquía de poder, como si se llegase a los fieles a través de la jerarquía de la iglesia, sino todo lo contrario. Según Pedro, lo que está sucediendo en el Pentecostés es que se está cumpliendo la profecía de Joel: [...] *derramaré mi Espíritu sobre* **todo el género humano***. Los* **hijos** *y las* **hijas** *de ustedes profetizarán, tendrán visiones los* **jóvenes** *y sueños los* **ancianos***. En esos días derramaré mi Espíritu aun sobre mis* **siervos** *y mis* **siervas***,* *y profetizarán* (Hch 2.17-18). La cita no necesita comentario ni aclaración. Quienes reciben el poder del Espíritu Santo no son sólo los doce, sino «todo género humano... hijos... e hijas... jóvenes y ancianos... siervos... y siervas».

Lo que sí necesita comentario y aclaración es el modo en que el Espíritu les hace posible a todos los pueblos escuchar el mensaje de los discípulos. Si el propósito del milagro era hacer que toda la gente allí congregada, de diversas regiones del mundo conocido, entendiesen el mensaje de los discípulos, el Espíritu tenía dos opciones. La primera era hacer que todos comprendiesen el lenguaje de los discípulos; la segunda, que cada cual escuchase en su propia lengua. Estas dos opciones tienen mucha importancia, pues si el milagro de Pentecostés hubiese sido hacer que todos entendiesen el lenguaje de los discípulos, entonces no solamente ese lenguaje, sino toda la cultura de los discípulos, se habrían vuelto elemento normativo en la comunicación del evangelio; la cultura y lengua de los discípulos serían elemento inseparable de la predicación del mensaje, y la posición de autoridad de los discípulos y de su pueblo y cultura habrían quedado asegurados. Pero lo que sucede es todo lo contrario. El Espíritu hace que cada cual escuche *en su propia lengua*. Este es un milagro harto subversivo. Es un milagro que subvierte la autoridad de los primeros discípulos, pues en fin de cuentas lo que implica es que esos discípulos y sus allegados no tendrán control del mensaje. Al escucharlo en su propia lengua, un capadocio o un egipcio se vuelven tan capaces como cualquier galileo de repetirlo.

¿Vemos todo lo que esto implica? Los discípulos reciben el poder del Espíritu Santo. Pero lo que ese poder les permite hacer no es acumular más poder, ni darse importancia, ni siquiera determinar el futuro de la iglesia, sino dar poder a un montón de extranjeros y advenedizos, a frigios, cretenses y árabes. El poder del Espíritu Santo no es para acumular más poder, sino para compartir el que se tiene.

En ese compartir, la lengua materna de los discípulos se vuelve sencillamente una más entre tantas otras lenguas en que se proclama el evangelio. Y la cultura de los discípulos es una de muchas culturas en las que el evangelio ha de encarnarse. El profesor de misiología Lamin Sanneh, de la Universidad de Yale, ha escrito un libro interesantísimo sobre este tema. Sanneh se crió como musulmán y después se convirtió al cristianismo. Luego, al tiempo que es cristiano convencido, conoce y respeta el Islam como pocos. Su libro, bajo el título de *La traducción del Evangelio*[4], arguye que por su propia naturaleza el cristianismo es traducible de un modo en que el islam no lo es. Para un musulmán fiel y ortodoxo, el verdadero Corán está y tiene que estar en árabe. Lo demás son *traducciones* del Corán. En contraste, para un cristiano igualmente fiel y ortodoxo, la Biblia traducida sigue siendo la Biblia. Ciertamente, hay razones para aprender los idiomas originales, pues ellos nos ayudan a entender y corregir las diversas traducciones. Pero, con todo ello, cuando yo tengo en la mano la versión Reina-Valera, revisada en 1995, no digo ni pienso que tengo una traducción de la Biblia, sino que tengo la Biblia misma.

Según Sanneh, esto se refleja en los modos diferentes en que el islam y el cristianismo se relacionan con culturas distintas de las de sus orígenes. La expansión islámica normalmente ha sido también la expansión del árabe y de la cultura árabe. En contraste, el cristianismo ha logrado arraigarse y encarnarse en una multiplicidad de culturas. Ciertamente, esto no ha sido fácil, pues lo normal era que los misioneros impusieran su cultura al mismo tiempo que proclaman su fe. Pero, a pesar de ello, a la postre el evangelio se ha encarnado en esas culturas, frecuentemente en modos que aquellos primeros misioneros ni siquiera sospecharon. Esto se debe a que, en última instancia y por su propia naturaleza, el evangelio es traducible.

---

[4] *Translating the Gospel: The Missionary Impact on Culture* (Maryknoll, NY: Orbis Books).

No creo que sea necesario deletrear lo que esto implica para la misión en nuestros días. La gran tentación de las iglesias más tradicionales en nuestros días, como la de Pedro y los discípulos antes del Pentecostés, es imaginarse que lo que necesitan son más líderes como los de las generaciones pasadas, líderes con experiencias semejantes, procedentes de una cultura semejante, del mismo grupo étnico. Por lo general, al menos en mi denominación, tales actitudes no se expresan abiertamente —muchas veces ni siquiera se confiesan conscientemente— sino que se justifican sobre la base de leyes, libros de orden, disciplinas, etc., que en todo caso han sido escritos por personas de ese mismo grupo tradicionalmente dominante. O, si no, se acude a razones de presupuesto; y entonces, como quienes más contribuyen al presupuesto y ciertamente lo controlan, son los del grupo tradicionalmente dominante, el resultado es predecible.

Esto lo vemos ya en el libro de Hechos. En el capítulo 1 se presenta un episodio que bien podría tener lugar en nuestras propias iglesias hoy. Pedro se pone en pie y pronuncia un discurso en el cual propone que, como el Señor nombró a doce, y ahora los del grupo son solamente once, se debe elegir a otro para que ocupe el lugar de Judas. Pedro parece suponer que la estructura eclesiástica (si se quiere, el Libro de Orden) está por encima de la presencia del Espíritu Santo. Éramos doce y doce tendremos que ser para siempre. Y entonces Pedro sugiere una serie de requisitos que los candidatos a esta posición deben tener. Pero los requisitos están, por así decir, cargados. Según estos, este personaje número doce que han de elegir tiene que ser como los otros once. Debe ser galileo, como ellos, y, lo que es más, tiene que haber estado con Jesús desde el bautismo de Juan. Lea usted el Evangelio de Lucas y vea cuántos de los once cumplían con ese requisito. En la ausencia del Espíritu Santo, sucede en aquella iglesia lo que tan frecuentemente ocurre en nuestras iglesias hasta el día de hoy: se ponen requisitos y reglas cuyo verdadero propósito es asegurarse de que la misma gente siga mandando, y que quienes no sean como ellos no tengan lugar en el liderato de la iglesia. El resultado daría risa de no ser tan triste y tan frecuente. De aquel Matías a quienes eligieron no se nos dice una palabra más. Y mucho me temo que de cualquier iglesia que siga esos métodos, u otros parecidos, tampoco se dirá mucho en el futuro.

Necesitamos una nueva teología de la misión, pero una que, siguiendo la pauta trazada por el Espíritu Santo en Pentecostés, nos lleve, no a concentrar el poder, sino a compartirlo; y a compartirlo a tal grado que sea posible que el liderazgo pase a personas y a grupos inesperados, como en Hechos, donde el liderazgo de los doce galileos pronto pasa a los siete, todos con nombres helénicos, y de los siete a otro que antes había perseguido a la iglesia.

Insisto en este punto. Lo que el Espíritu hace en Pentecostés no es capacitar a todos los presentes a entender la lengua de los discípulos, sino todo lo contrario: el Espíritu hace que todos escuchen, cada cual en su propia lengua. Esto implica que la misión de la iglesia no es centrípeta, sino centrífuga. Y, sobre todo, recalquémoslo una vez más, aunque el Espíritu da a los discípulos el poder que Jesús les ha prometido, ese poder es de una índole especial, pues lo que el Espíritu hace es capacitar a los discípulos para compartir su poder con otras gentes, con gentes de otras lenguas y culturas.

En este punto, la relación entre Babel y Pentecostés no es sólo de contraste, sino también de paralelismo. Si la confusión de lenguas sirvió en Babel para detener el orgullo de quienes pretendían apoderarse del cielo, la confusión de Pentecostés servirá para detener todo intento por parte de una cultura cualquiera de apoderarse del evangelio. Si la multiplicidad de culturas y lenguas surgidas de Babel detuvo el orgullo idolátrico de entonces, la multiplicidad de lenguas y culturas incluidas en el Pentecostés ha de servir para detener el orgullo igualmente idolátrico de quienes piensan que toda la iglesia ha de ser como ellos. Gracias al don del Espíritu en Pentecostés, que hizo que cada cual escuchase el evangelio *en su propia lengua*, toda lengua y toda cultura pueden ser vehículo para el evangelio, y ninguna lengua ni ninguna cultura han de tener dominio sobre él.

Ciertamente, a través de la historia los cristianos hemos sucumbido frecuentemente a la tentación de imaginar que la encarnación del evangelio en una cultura cualquiera —en la nuestra en particular— es la mejor y más pura forma que ese evangelio puede tomar. Esto ha llevado a divisiones y conflictos innecesarios, y frecuentemente ha impedido la misión y evangelización. Así, por ejemplo, hacia fines de la era patrística, el evangelio se fue arraigando de tal modo en las culturas de la cuenca del Mediterráneo que a la postre los cristianos de cultura griega acusaban a los de cultura latina de no ser verdaderos creyentes, y viceversa.

Así, la iglesia occidental se unió de tal modo a la cultura del Imperio romano occidental que mil quinientos años después de la caída de ese imperio, seguía insistiendo en el uso del latín en el culto, lengua muerta que sólo los eruditos hablaban. Por ello, no ha de extrañarnos lo que se señaló antes: que la Reforma Protestante del siglo XVI se afianzó principalmente en los territorios que no habían sido parte del Imperio romano, y donde no se hablaban lenguas romances. Por ello, tampoco ha de extrañarnos el que pronto muchos protestantes llegaran a la conclusión de que la forma más pura del evangelio era la que se encarnaba en las culturas germánicas del norte, y que esas culturas eran particularmente aptas para servirle de vehículo. Y por ello tampoco debería extrañarme el que yo mismo, en mi juventud, haya tenido tanta dificultad en descubrir la relación entre la cultura heredada de mis antepasados y el evangelio recibido de otra cultura.

Pero hoy las cosas están cambiando de nuevo. Cuando yo tenía aquellos debates conmigo mismo y con mis compañeros, el centro de la vitalidad y actividad cristiana —y ciertamente de la actividad protestante— se encontraba principalmente en las tierras del Atlántico del Norte. Los principales centros misioneros del mundo estaban en Nueva York y Londres, y para los católicos, en España, Francia y el Canadá francés. Para estudiar Teología, y para estar al tanto de lo que los teólogos estaban diciendo, había que hacerlo en inglés y en alemán y acudir a universidades norteamericanas o europeas. Todo esto no ha de extrañarnos, pues en aquellos años todavía la mayoría de los cristianos era de cultura occidental y de raza blanca. Pocos años antes, en 1900, la mitad de todos los cristianos del mundo vivía en Europa, y otra cuarta parte en países de tradición anglosajona como los Estados Unidos, Australia y Nueva Zelandia. Ya para los días en que entré al seminario, a mediados de ese siglo, las cosas habían empezado a cambiar, aunque no nos dábamos cuenta de ello.

Hoy resulta claro que los centros de vitalidad misionera y evangelizadora no están ya en el Atlántico del Norte, que la mayoría de los cristianos no son blancos y que el evangelio se predica en centenares de idiomas, pocos de ellos de origen europeo. Hoy la vanguardia teológica de la iglesia no se limita ya a Europa ni a los Estados Unidos, sino que para conocer lo que está sucediendo en la teología de la iglesia hay que tener en cuenta lo que se está diciendo y escribiendo en el Perú, en las Filipinas, en la India y en Ghana. En pocas palabras, la iglesia de hoy incluye mayor diversidad de culturas que nunca antes en toda su historia. Y esas culturas se expresan con una fuerza y claridad que tampoco tienen paralelo en los veinte siglos de vida de la iglesia. Tanto es así que bien podemos decir que estamos presenciando una especie de Pentecostés global, en el cual cada quien escucha y vive el evangelio en su propia lengua y dentro de su propia cultura.

Indudablemente, esto acarrea problemas. Si es difícil entendernos cuando hablamos la misma lengua y pertenecemos a la misma cultura, ¡cuánto más no lo será en medio de la presente Babel de lenguas! ¡Sería tanto más fácil si todos hablásemos el mismo idioma, si todos perteneciésemos a la misma cultura, si todos adorásemos de igual forma! Ese deseo es natural. Me imagino a los apóstoles mismos cuando [...] *se quejaron los judíos de habla griega contra los de habla aramea de que sus viudas eran desatendidas en la distribución diaria de los alimentos* (Hch 6.1). Posiblemente se dirían: ¿Por qué tienen que haber estos diversos grupos entre nosotros? ¿No sería mucho más fácil si todos fuesen hebreos como nosotros? Y la respuesta es sencilla: Tiene que haber esta diversidad entre nosotros porque el Espíritu Santo de Dios, el Espíritu que como el viento sopla por donde le parece, ese Espíritu en aquel día de Pentecostés, y a partir de entonces a través de la historia, hizo y sigue haciendo que cada quien escuche el evangelio en su propia lengua, en su propia cultura, en su propio contexto.

El deseo de que todo sea igual y que no haya más que una voz y una opinión, es cosa natural. Bien recuerdo un episodio hace años cuando estaba yo testificando entre mis compañeros de clase y Silvino, un compañero ateo que a pesar de serlo conocía la Biblia mejor que yo, se plantó en medio del grupo, tomó mi Nuevo Testamento y empezó a leer las historias de la alimentación de la multitud en los diversos evangelios. Al terminar su lectura, me dijo simplemente: «Dime, ¿a cuánta gente alimentó Jesús, con cuántos panes y cuántos peces, y cuántas canastas sobraron?». En aquel momento, y muchas otras veces a partir de entonces, ¡cuánto deseé que en el Nuevo Testamento hubiese un solo evangelio! Pero no. El canon del Nuevo Testamento incluye cuatro evangelios; cuatro libros indiscutiblemente diferentes, con divergencias entre sí, pero que todos apuntan al único evangelio de Jesucristo. Y lo mismo sucede con el Antiguo Testamento.

Repetidamente en las páginas anteriores me he referido a las historias de la creación del Génesis. Al decir *historias* quiero decir que hay dos. Estas dos historias son diferentes. En una, Dios crea primero a los animales y luego al ser humano, varón y hembra. En la otra, crea primero al varón, luego a los animales y por fin a la mujer. Luego, aquí hay dos historias diferentes que sin embargo se refieren a las mismas verdades: todo cuanto existe es creación de Dios, y el ser humano ha sido puesto en esa creación para cultivarla y cuidarla. En otros lugares he escrito más detalladamente sobre lo que esto implica para nuestro entendimiento de las Escrituras y de la naturaleza de la fe cristiana[5]. Aquí, basta con esbozar algunas de las conclusiones más importantes para el tema que nos ocupa.

**Primera conclusión:** El Evangelio de Jesucristo se nos presenta desde sus orígenes en el ropaje de distintas perspectivas: una de Mateo, otra de Marcos, etc. Este testimonio cuadriforme del evangelio de Jesucristo no resulta por ello más débil o menos creíble, sino todo lo contrario. La iglesia antigua incluyó estos cuatro libros en el canon precisamente porque eran diferentes; y porque así, siendo diferentes, eran cuatro testigos que apuntaban todos hacia el mismo evangelio, de igual modo que en un juicio el testimonio de varios testigos diferentes tiene más peso cuando se ven en él diferencias de perspectivas que cuando todos concuerdan en todos los detalles. Luego, el que el evangelio se nos presente hoy en el ropaje de distintas culturas, no debería crearnos más dificultades que las que nos crea el tener cuatro evangelios distintos dentro del canon del Nuevo Testamento.

**Segunda conclusión:** La diversidad misma de los evangelios nos impide imaginarnos que de algún modo podemos tener el evangelio, por así decirlo, *en el bolsillo*. Cuando creemos que ya lo entendemos todo porque hemos leído a Lucas, llega Juan y nos ofrece una perspectiva diferente. Y si decidimos ser estrictamente juaninos, llega Mateo y nos recuerda que el evangelio es más de lo que nos habíamos imaginado. Gracias a esa variedad de perspectivas de su testimonio cuadriforme, el

---

[5] Véase, por ejemplo: *Desde el siglo y hasta el siglo: Esbozos teológicos para el siglo XXI*, México y Austin: Seminario Teológico Presbiteriano de México y Asociación para la Educación Teológica Hispana, 1997, pp. 101-134.

evangelio es siempre una realidad soberana, siempre a nuestro alcance, pero nunca bajo nuestro control. En esto, la diversidad de evangelios tiene para nosotros una función semejante a la que tuvo antaño la confusión de Babel: nos impide imaginar que el cielo está al alcance de nuestros esfuerzos, o que la verdad infinita de Dios cabe en nuestras mentes finitas.

**Tercera conclusión:** De igual modo que al leer el Evangelio de Mateo tenemos que seguir respetando el de Juan, al vivir nuestra vida cristiana dentro de una cultura y una iglesia, tenemos que seguir respetando la fe de quienes viven su vida cristiana en otras culturas y otras iglesias. No podemos decir que el Evangelio de Juan es el verdadero, y que con eso basta. Un evangelio solo no es el testimonio cuadriforme del evangelio.

**Cuarta conclusión:** De igual modo que perderíamos mucho si solamente tuviésemos el Evangelio de Mateo o el Evangelio de Juan, perdemos mucho cuando sólo vemos la fe cristiana encarnada en nuestra propia cultura, en nuestra propia iglesia y en nuestras propias tradiciones. Al leer el Evangelio de Juan, siempre debo tener en mente a Mateo, Marcos y Lucas, además de las epístolas paulinas, los escritos de los profetas y todo el resto de la Biblia. De igual modo, al vivir mi vida cristiana en una iglesia y en una cultura específicas, debo recordar que entre mis hermanos y hermanas están los millones de fieles que la viven en otras culturas y otras iglesias, así como los otros millones que la vivieron en otros tiempos y circunstancias.

Y lo que todo esto quiere decir, en fin de cuentas, es que, aun cuando siempre se nos ha dicho que la confusión de lenguas es producto del orgullo humano, tenemos que ver también las cosas desde otro ángulo, en el cual nuestra diversidad, no sólo de lenguas, sino de culturas y tradiciones, es don del Espíritu Santo para la edificación de todo el cuerpo de Cristo.

Todo esto puede resumirse en una palabra que a algunos les da miedo, pero que en cierto modo es indispensable para entender el carácter del evangelio y la obra del Espíritu Santo al hacer que todos escuchen *cada cual en su propia lengua.* Esa palabra es *catolicidad*[6]. Aunque tradicionalmente se nos ha dicho que *católico* quiere decir *universal,* eso no es estrictamente cierto, pues hay una diferencia de connotaciones entre ambos términos. Lo *universal* implica uniformidad, como cuando hoy decimos, por ejemplo, que gracias a las computadoras y a los nuevos medios de comunicación el inglés parece volverse un idioma universal. En contraste, lo *católico,* en el sentido estricto y verdadero de la palabra, implica diversidad.

Etimológicamente, *católico* quiere decir *según el todo* o *según todos.* Luego, lo católico en el buen sentido no es lo que pertenece a una iglesia o a otra, sino lo que refleja la multiplicidad de culturas, experiencias, intereses y perspectivas desde donde diversos grupos se acercan al Evangelio. La verdadera catolicidad no puede ser propiedad de nadie, pues por su propia naturaleza implica multiplicidad. Los antiguos escritores cristianos, al referirse a los cuatro evangelios, hablaban a veces del *testimonio católico* al Evangelio de Jesucristo, esto es, el testimonio según los cuatro evangelistas. En ese sentido, el Evangelio de Marcos por sí solo, por ejemplo, seguirá siendo ortodoxo; y si logra imponer su autoridad por todas partes, será universal; pero nunca será *católico* sin el acompañamiento de los otros. De igual modo, ningún grupo cristiano que se crea en la sola posesión de la verdad puede ser en verdad *católico,* aunque se dé ese nombre.

Dada esa diversidad de perspectivas y su inevitabilidad, cabe entonces preguntarse, ¿cómo hemos de mirar y evaluar los cristianos aquellas culturas en las que nuestra fe no parece haber hecho gran impacto? Y también, ¿cómo hemos de juzgar el impacto de la fe en nuestra cultura, o la falta de él? Sobre esto trataremos en el próximo capítulo.

---

6  Tema que también he examinado con más detalles como parte de la discusión sobre la multiplicidad de los evangelios, en *Desde el siglo y hasta...,* pp. 120-128.

*Capítulo 5*

# CULTURA Y EVANGELIO

En el capítulo anterior tratamos acerca de la diversidad de culturas y el modo en que la historia de la torre de Babel en Génesis relaciona la diversidad de culturas con el orgullo humano. Dijimos entonces que, por extraño que nos parezca, la confusión de culturas en Babel no es sólo un castigo, sino también una bendición porque pone freno a la soberbia humana, la cual se imagina que puede llegar al cielo. Añadimos que Pentecostés, al tiempo de crear unidad, no crea uniformidad, pues lo que allí sucede es que el evangelio se predica y se encarna en una multitud de lenguas y culturas. Y dijimos, además, que en el mismo sentido, la diversidad de culturas de hoy, con su potencial de producir grandes dificultades y hasta conflictos, al menos nos ayuda a contrarrestar el impulso imperialista de aquellas culturas que, por ser poderosas, bien podrían imaginarse destinadas a volverse cultura universal. Desde sus mismos inicios, el evangelio ha ido cruzando fronteras culturales, encarnándose primero en una cultura y luego en otra.

Esto nos lleva ahora a lo que ha sido repetidamente tema principal de discusión entre misioneros y evangelistas: ¿Cómo puede una cultura ajena al evangelio encarnar ese evangelio? Nuestra respuesta inmediata y algo simplista es decir que lo que el misionero debe hacer al cruzar fronteras culturales es distinguir entre su cultura y el mensaje que predica, y predicar el mensaje aparte de su propia cultura. Esto suena bien, y sería un curso excelente para seguir si en verdad le fuese posible a persona alguna distinguir correcta y exactamente entre lo que es evangelio y lo que es cultura. Ciertamente, todos conocemos casos en los que la cultura de los misioneros se ha confundido con el evangelio de modos extraños y hasta ridículos. En cierto país de nuestra América, por ejemplo, me he encontrado con un grupo de evangélicos que no toman café, sino té, porque eso era lo que tomaban los misioneros norteamericanos, y esa es, por tanto, la bebida evangélica. Pero, dejando a un lado lo ridículo, lo cierto es que esa distinción entre cultura y evangelio se hace difícil por dos razones fundamentales.

En primer lugar, porque, como he tratado de señalar, la cultura no es siempre una realidad consciente, o una parte de la vida que podamos separar del resto. Es parte de lo que somos. No podemos dejarla a un lado, despojarnos de ella como quien cambia de camisa. No podemos vivir sin ella, ni siquiera ponerla en suspenso, diciéndonos "ahora no voy a pensar ni actuar con base en mi cultura". Luego, pedirle a quien predica el evangelio en una cultura distinta de la suya que se despoje de su propia cultura, es pedirle lo imposible. Y, si somos nosotros quienes cruzamos fronteras culturales y nos hacemos el propósito de dejar nuestra cultura detrás, nos estamos poniendo metas inalcanzables.

En segundo lugar, es imposible distinguir clara y tajantemente entre evangelio y cultura por la naturaleza misma del primero. Al centro mismo del mensaje evangélico se encuentra la persona de Jesucristo, Dios hecho carne, Dios humanizado a tal punto que, al mismo tiempo que decimos que es divino y humano, decimos también que es imposible dividir o separar en Él lo humano de lo divino. Desde tiempos antiquísimos, la iglesia ha dicho, con razón, que no es correcto decir "esto lo hace Jesús como Dios; y esto lo hace como humano". Tal era la doctrina llamada *nestorianismo*, rechazada por los concilios de Éfeso y Calcedonia en los años 431 y 451 respectivamente, y rechazada también por católicos, ortodoxos y protestantes.

Si el evangelio es el mensaje de Dios hecho carne de tal modo que al ver a este galileo concreto vemos al Dios eterno, y no podemos divorciarlos el uno del otro, esto también quiere decir que no podemos distinguir entre un evangelio eterno y el evangelio histórico, concreto, particular. Jesucristo, en su cultura galilea del siglo primero de nuestra era, era y es el evangelio eterno; pero no por eso deja de ser particular, concreto, de hablar en una lengua particular y de reflejar una cultura particular. Y quiere decir también que no podemos predicar ni enseñar el evangelio aparte de una cultura. No podemos decir: "esto es evangelio y esto otro cultura". El evangelio es un mensaje que abarca toda la existencia humana, y no hay, por tanto, elemento cultural que pueda desentenderse de él, ya porque esté a su servicio o ya porque se le oponga.

¿Qué camino nos queda entonces? La pregunta no es nueva. A ella tuvieron que enfrentarse bien pronto los primeros misioneros cristianos. Es más, si nos detenemos a pensarlo, veremos que ese es un tema central en el Nuevo Testamento, particularmente en las cartas de Pablo, quien anda predicando a los gentiles, gente de cultura muy diferente a la de los discípulos originales. Unos insisten en que debe ajustarse a los usos tradicionales —usos mandados por Dios— como circuncidar a sus conversos de entre los gentiles. Entre los mismos apóstoles no hay unanimidad en cuanto a esta cuestión, y por ello es necesario que Pablo, Bernabé y otros vayan a Jerusalén a hablar con ellos. Allí se adopta una solución. Pero, con todo y eso, la discusión no termina. Y por ello hay cartas de Pablo, como Gálatas, en las que la cuestión de la relación entre judíos y gentiles en la iglesia persiste y se sigue discutiendo.

Algunos podrían preocuparse al ver esto. Quizá podrían pensar que al pasar de un trasfondo judío a una cultura diferente, el evangelio se desvirtúa. Pero la verdad es todo lo contrario. Es más, precisamente en esa frontera entre las culturas se produce buena parte del Nuevo Testamento. ¿Hemos pensado alguna vez cuánto del Nuevo Testamento se escribió en Galilea o en Jerusalén? ¡Probablemente ni un solo libro! Nuestro Nuevo Testamento es en buena medida el resultado de los retos y cuestiones a que los primeros cristianos tuvieron que enfrentarse según la iglesia se iba volviendo cada vez menos judía y más gentil; en otras palabras, según el evangelio fue cruzando fronteras culturales, dejando de ser un mensaje puramente judío y volviéndose también mensaje para los gentiles.

Pero la cuestión no quedó en eso. Pronto la iglesia se vio inmersa en una de las culturas más elevadas y sofisticadas de la antigüedad: la cultura helenista. Los antiguos griegos habían producido filósofos de tal envergadura que hasta el día de hoy cuando estudiamos filosofía lo más común es empezar por los filósofos griegos. Además, unos trescientos años antes de Jesucristo, Alejandro el Grande se había lanzado a conquistar el mundo con el propósito, entre otros, de llevarle al resto de la humanidad los supuestos beneficios de la civilización griega[7]. Antiquísimas civilizaciones, como la egipcia y en cierto sentido hasta la persa, habían quedado sumergidas bajo el peso de la civilización griega. El griego se había vuelto la lengua franca de toda la porción oriental de la cuenca del Mediterráneo —tanto, que hasta el Nuevo Testamento mismo se escribió, no en la lengua tradicional de los judíos, sino en la de los griegos—. En la misma Roma, muchas de las personas cultas manifestaban su supuesta superioridad hablando griego y escribiendo en esa lengua. No en balde declara Pablo que ¡«los griegos buscan sabiduría»!

---

7   Una vez más, todo imperialismo tiene que buscar el modo de justificarse a sí mismo, y esa fue la justificación del imperialismo macedonio.

Y ahora los cristianos, un grupo de gente por lo general inculta procedente de una provincia del Imperio reconocida por sus ideas recalcitrantes y por su espíritu rebelde, sale a predicarle a un mundo imbuido en esa cultura griega. ¿Cuál ha de ser su actitud ante esa cultura?

Algunos sencillamente la rechazan. Quizá el mejor conocido de entre ellos —aunque no el único— sea Tertuliano, el fogoso cristiano que a fines del siglo segundo o principios del tercero, en el norte de África, acuñó las famosas palabras: «¿Qué tiene que ver Atenas con Jerusalén? ¿Qué concordia puede haber entre la academia y la iglesia?»[8]. Según Tertuliano, el origen de todas las herejías está en la filosofía y, por tanto, lo que los verdaderos creyentes en Jesucristo han de hacer es rechazar esa filosofía y sujetarse a las doctrinas de la iglesia. Empero, lo que resulta interesante es que el propio Tertuliano, a pesar de todas sus protestas contra la intrusión de la filosofía griega en la vida de la iglesia, y aparentemente sin siquiera percatarse de ello, repetidamente hace uso de su trasfondo estoico.

Como hemos señalado antes, el carácter de la cultura es tal que vivimos en ella y la reflejamos aun cuando no nos damos cuenta de ello. Tertuliano no sabe que es estoico porque esa es la corriente filosófica más común en la porción del Imperio en la que él vive y se ha formado. Y ese mismo Tertuliano que rechaza el uso de la filosofía griega en el campo de la teología es el abogado que constantemente hace uso de principios legales romanos para defender la fe cristiana y hasta para explicar doctrinas tales como la Trinidad y la encarnación. Luego, si bien Tertuliano insistía en la necesidad de rechazar la filosofía que venía de Grecia, él mismo participaba de esa filosofía en modos que él desconocía.

Lo mismo es cierto de su relación con la cultura romana, que en todo caso era el modo en que la griega le llegaba. Tertuliano se quejaba de la inmoralidad de las costumbres

---

8 *De praescriptione haereticorum*, 7.

romanas, y de lo injusto de sus acciones gubernamentales contra los cristianos. Pero en esa misma defensa hacía uso de los principios del derecho romano. Así, por ejemplo, se queja de las instrucciones del emperador Trajano, en el sentido de que no han de emplearse los recursos del Estado para buscar a los cristianos, pero que una vez acusados se les debe condenar, diciendo:

> ¡Qué liberalidad miserable! ¡Qué contradicción interna! Se prohíbe que se les busque, como a inocentes; pero luego se les castiga, como a culpables. Es a la vez misericordia y crueldad. Perdona, y sin embargo castiga. ¿Oh juicio, por qué te engañas a ti mismo? Si condenas, ¿por qué no buscas? Y si no buscas, ¿por qué no absuelves?[9]

La actitud de Tertuliano ha sido frecuente entre cristianos que por una u otra razón cruzan fronteras culturales. Tal fue, por ejemplo, la actitud de la inmensa mayoría entre los misioneros españoles y portugueses que primero llegaron a nuestro hemisferio. Para ellos, nada había acá digno de consideración. Al contrario, lo que veían en nuestras culturas no era sino obra del demonio. Y así, aunque ninguno de ellos parece haberlo dicho con esas palabras, podemos imaginarlos declarando: ¿Qué tiene que ver Inti con el Señor de los ejércitos? ¿Qué concordia puede haber entre Roma y Tenochtitlán? ¿Qué acuerdo entre Castilla y el Tahuantinsuyo?

De igual modo y con las mismas actitudes llegaron otros más tarde a las Filipinas, al África, a las islas del Pacífico. Y así también vinieron después algunos misioneros evangélicos procedentes del Atlántico del Norte, quienes venían convencidos de que todo lo que había acá era ignorancia y superstición, y que venían a traernos la pura fe cristiana. El problema está en que, de igual modo que Tertuliano siglos antes, esos mismos misioneros no se percataban del grado en que su propia fe reflejaba la cultura de donde procedían.

---

9 *Apología*, 2.

Y tal actitud es común, no sólo entre los misioneros que llegan a una cultura con un poder arrollador y usan de ese poder para aplastar la cultura a que llegan, sino también entre quienes, por una u otra razón, se ven marginados en su propia cultura. Tal es claramente el caso de Tertuliano, un abogado respetado en los círculos legales romanos, a tal punto que muy posiblemente sea él, el mismo *Tertuliano*, a quien se cita en el *Corpus Iuris Civilis*, él, que ahora se vuelve miembro de un grupo despreciado y perseguido. Y tal era también el caso mío y de muchos de mis compañeros y pastores, quienes nos veíamos marginados dentro de nuestra propia cultura, y nos imaginábamos que de algún modo pertenecíamos a otra cultura superior, a una cultura que era una combinación inconsciente de elementos recibidos de culturas foráneas con elementos de nuestra propia cultura. Otra vez, el caso de Tertuliano. Y lo mismo veo por todas partes en nuestra América, donde existen grandes grupos evangélicos que parecen pensar que su fe los llama a hacer a un lado su cultura, cuando en realidad lo que ha sucedido es que esa fe los ayuda a aceptar la marginación de la cual siempre fueron objeto.

Pero la marginación no tiene que llevar necesariamente a la enajenación. Prueba de ello es el caso de Pablo, judío educado en las mejores escuelas de su tradición, fariseo de fariseos, líder de su sinagoga y de la persecución contra los cristianos. Cuando se convierte, él mismo se une al grupo de los marginados y perseguidos. Ahora es miembro de una secta a la que los judíos tradicionales y las élites religiosas de entre ellos consideran herética y persiguen. Ahora él mismo será objeto de persecución constante, pues en Hechos vemos repetidamente que se lo echa de una ciudad, o que debe huir de otra. Y cuando llega a la capital de su propia nación, lo acusan y hacen encarcelar.

Empero Pablo no permite que esa marginación lo lleve a rechazar su cultura. Rechaza, sí, algunos elementos de ella.

Pero sigue siendo judío, y se asegura de que los cristianos, tanto judíos como gentiles, vean la continuidad entre su fe y el judaísmo, pues el Dios que habló en Jesucristo es también el mismo Dios que hizo pacto con Israel. Y es precisamente gracias a esa actitud de vivir su fe dentro de su propia cultura, aun de una cultura que lo margina y persigue, que Pablo forja buena parte de lo que a la postre sería el Nuevo Testamento de los cristianos.

Así, desde tiempos de Pablo hasta tiempos de Tertuliano y después, hubo quienes adoptaron una actitud muy diferente a la de Tertuliano. Si el evangelio se abrió paso entre las gentes de cultura griega, y a la postre se encarnó en esa cultura, esto se debió en buena medida a quienes, al preguntarse como Tertuliano, ¿qué tiene que ver la academia con la iglesia?, respondieron: mucho.

Esa respuesta no era sólo cuestión de conveniencia o estrategia misionera, sino que se basaba en las convicciones fundamentales del cristianismo. En efecto, si hay un solo Dios, creador de todo cuanto existe, ese Dios ha de ser creador, no sólo de los hebreos, sino también de los griegos, los romanos y los capadocios. Y de algún modo ha de ser creador, no sólo de las casas en que viven los hebreos, sino también de las casas donde moran los egipcios. A pesar de que muchas veces nos hacemos la idea de que el Antiguo Testamento es un libro exclusivista, lo cierto es que la religión de Israel veía la acción de Dios, tanto en juicio como en amor, entre otros pueblos y culturas además de los hebreos. Así, el libro de Jonás termina hablando del amor perdonador de Dios aun hacia la terrible y corrupta Nínive. Y Amós afirma que no es sólo en la historia de Israel donde Dios se manifiesta. Así, Dios declara:

> Hijos de Israel, ¿no sois vosotros como hijos de etíopes [...]? ¿No hice yo subir a Israel de la tierra de Egipto, y a los filisteos de Caftor, y de Kir a los arameos?
> 
> Amós 9.7 (RV60)

Aunque hay muchos otros pasajes en el Nuevo Testamento que pueden aducirse para mostrar la relación entre la fe cristiana y la cultura circundante, el que con más frecuencia emplearon los antiguos escritores cristianos es el prólogo del cuarto evangelio. Allí se nos habla del Verbo eterno de Dios, y se declara que ese Verbo es el que se ha encarnado en Jesucristo. Pero también se nos habla del alcance universal del Verbo y su obra: *Por medio de él todas las cosas fueron creadas; sin él, nada de lo creado llegó a existir* (Jn 1.3). Y se nos dice, además, que él es la luz que alumbra a todo aquel que viene a este mundo. Luego, de algún modo que no siempre nos resulta manifiesto, pero no por eso menos real, el Verbo que se encarnó en Jesucristo estaba también presente en la creación de Grecia y Roma, y de cada griego y cada romano, aunque ellos mismos no lo supieran. Y, puesto que ese Verbo es la luz que alumbra no sólo a los profetas, sino a todo ser humano que viene a este mundo, si hay alguna luz en un ser humano cualquiera, esa luz viene del Verbo que se encarnó en Jesucristo. Si Platón, por ejemplo, dio señales de tener cierta luz, cierto conocimiento, cierta inspiración, todo ello le vino del mismo Verbo que [...] *se hizo hombre y habitó entre nosotros. Y hemos contemplado su gloria* [...] (Jn 1-14).

Una de las razones por las que muchos de los antiguos escritores cristianos prefirieron este pasaje a otros es que la palabra que Juan utiliza allí, y que nuestras Biblias traducen como Verbo, es *Logos*; y el *Logos* era tema que varios de los antiguos filósofos griegos habían discutido y afirmado, y que los filósofos de los siglos segundo y tercero seguían discutiendo.

En términos generales, podemos decir que la pregunta que se encuentra en los orígenes de la especulación filosófica acerca del *logos* es la cuestión de cómo es posible el conocimiento. El hecho de conocer es tan natural, que muchos de nosotros ni siquiera nos preguntamos cómo es posible. Pero, cuando uno se detiene a reflexionar sobre ello, el conocimiento es una realidad sorprendente. En efecto, el conocimiento requiere que haya cierta estructura común entre la mente que conoce y la realidad conocida. ¿Cómo explicar, por ejemplo, el hecho de que mi mente me dice que dos y dos han de ser cuatro, y cuando miro en torno mío veo que en efecto eso es lo que sucede en la realidad fuera de mi mente? Lo que nos parece sencillo no lo es tanto. Si no hubiera correlación alguna entre la mente y la realidad, mi mente bien podría decirme que dos más dos son cuatro, pero luego en la realidad externa podría resultar que dos manzanas y dos manzanas no son sino tres manzanas, y que dos piedras más dos piedras son cinco piedras. Pero eso no es lo que sucede, sino que, al contrario, hay una maravillosa e inexplicable correlación entre la mente y la realidad. Y lo mismo puede decirse de la correlación entre las diversas mentes humanas, pues no es sólo mi mente la que me dice que dos más dos son cuatro, sino todas las mentes de cuantos encuentro en mi camino.

Esto requiere que en el fundamento mismo tanto de mi mente como de la realidad externa haya un principio común, algo que mi mente comparte con esa realidad. Hoy le llamamos a eso *razonabilidad*. La mente y el mundo concuerdan porque ambos son razonables. En la antigüedad, los filósofos griegos llamaban *logos* a ese principio común, a esa razonabilidad que es el fundamento tanto de la mente como del universo.

Según esos filósofos, lo que hace que el mundo sea inteligible es que tanto la mente como el mundo participan del mismo *logos*. Es gracias a ese *logos* que sabemos que dos y dos son cuatro. Y es también gracias a ese mismo *logos* que en todo el universo dos y dos son cuatro. Sin el *logos*, ni dos y dos serían cuatro, ni mi mente podría saberlo.

Lo que hasta aquí hemos dicho acerca de una verdad tan sencilla como que dos y dos son cuatro es también cierto para toda otra verdad, incluso las más encumbradas especulaciones filosóficas. Si es por el *logos* que cualquier niño sabe que dos y dos son cuatro, fue por el mismo *logos* que Platón alcanzó su enorme sabiduría y sus más profundas ideas.

Y ahora entran en escena los cristianos, convencidos de que, como dice el Evangelio de Juan, el *logos* por quien todas las cosas fueron hechas, el *logos* que es la luz que ilumina a cuanta persona viene a este mundo, se ha encarnado en Jesucristo. Como creyentes, se preguntan ¿qué hemos de decir sobre toda esa sabiduría de la antigüedad? ¿Hemos de condenarla como obra del demonio? Y la respuesta de otros muchos es: No, sino todo lo contrario. Toda esa sabiduría les fue dada a los antiguos por el mismo *logos* a quien hemos conocido en Jesucristo. En consecuencia, esa sabiduría no es ajena a nuestra fe, sino que es parte de ella. Lo que hemos de hacer no es condenarla, sino aceptar cuanto haya en ella que sea compatible con nuestra fe, con la realidad que hemos conocido del *Logos* encarnado.

Esto les permitió a aquellos primeros cristianos no sólo aceptar buena parte de la cultura circundante, sino también predicar el evangelio de modos que fuesen convincentes para esas gentes que de otro modo podrían haber pensado que se trataba meramente de una superstición nacida en un oscuro rincón del Imperio, y carente de respetabilidad intelectual.

El resultado de todo esto podemos verlo en el modo en que muchos de esos cristianos les presentaron su fe a los paganos, al menos en tres puntos principales: la doctrina de Dios, la promesa de vida después de la muerte y la esperanza del reino. Veámoslos por orden.

Primero, la doctrina de Dios. Por extraño que nos parezca hoy, una de las acusaciones más comunes de las que los cristianos eran objeto en los siglos primero al tercero, era la de ateísmo. Los paganos tenían dioses que se veían. Si alguien les preguntaba: "¿Dónde está tu dios?", la respuesta era bien sencilla: "Ahí; míralo". Pero un cristiano no podía dar tal respuesta. Luego, les era fácil a los paganos concluir que los cristianos eran ateos y, por tanto, gente impía. No olvidemos que la impiedad era vista como una actitud antisocial, y que Sócrates había sido condenado a muerte por una acusación semejante. Luego, cuando en el siglo segundo, en las actas del martirio de Policarpo, el procónsul le ordena a Policarpo que grite «¡mueran los ateos!»[10], lo que le está pidiendo es que abandone el cristianismo. Los cristianos son ateos y, por ello, son dignos de muerte.

La mejor respuesta que los cristianos tenían contra tal acusación era señalar que varios de los mejores filósofos entre los griegos habían hecho aseveraciones acerca de los dioses y del Ser Supremo semejantes a las que ellos ahora hacían. Al menos desde tiempos presocráticos, con Xenófanes de Colofón, existía toda una tradición filosófica que criticaba a los dioses paganos tanto por sus vicios como por sus limitaciones. Esa tradición hacía del antropomorfismo de los dioses tradicionales el fundamento de sus críticas. Así, el propio Xenófanes declaraba:

> Si los bueyes y los caballos o los leones tuviesen manos, y pudiesen pintar con ellas y producir obras de arte como lo hacen los humanos, los caballos dibujarían a sus dioses en forma de caballos, y los bueyes como bueyes, y cada cual se haría sus dioses según su propia especie[11].

Y de esa tradición surge también otra, al menos desde tiempos de Parménides de Elea, que hablaba de un Ser Supremo, perfecto, inmutable, por encima de todos los demás seres, de un ser que es el Ser mismo. Así decía Parménides, acerca del Ser Supremo:

> [...] Todo él ve; todo él piensa; todo él oye.
> Con su mente,
> del pensamiento sin trabajo alguno,
> todas las cosas mueve.

---

10 *Martyr. Polyc.*, 9.2.
11 *Frag.* 15.

Con preeminencia claro
es que en lo mismo permanece siempre
sin en nada moverse,
sin trasladarse nunca
en los diversos tiempos a las diversas partes[12].

A la misma tradición se unieron después Platón con su Suprema Idea de lo Bello, que es la raíz de todas las ideas y, por tanto, de toda realidad, y Aristóteles con su Primer Motor Inmóvil, el cual es el origen y meta de todo movimiento y todo proceso.

Pues bien, decían los cristianos, ese Ser Supremo de Parménides, esa Suprema Idea de lo Bello de Platón, ese Primer Motor Inmóvil de Aristóteles, ese es el Dios a quien adoramos nosotros. No se nos tenga entonces por ateos. Quienes en verdad son ateos son los paganos, pues adoran a dioses que no lo son y, por tanto, si sus dioses no existen, son en verdad ateos; no tienen dioses, sino ilusiones, ídolos, falsedades.

De ese modo, reclamando para sí lo que el *logos* les había revelado a Parménides, a Platón y a Aristóteles, los cristianos no sólo reclamaban lo mejor de la filosofía clásica, sino que también defendían y sostenían su propia postura respecto a Dios mismo.

Sin embargo, la cuestión no es tan sencilla, pues el proceso mismo hizo peligrar algunos de los elementos fundamentales de la doctrina de Dios. Como he dicho en otras ocasiones, el puente apologético sostiene tráfico en ambas direcciones. Lo que originalmente fue un modo en que los cristianos presentaron su fe de tal modo que fuese inteligible a los paganos, poco a poco se fue volviendo el modo en que los cristianos mismos llegaron a pensar acerca de Dios. Pronto hubo muchos que pensaron que el modo en que los filósofos

---

[12] Citado en Juan David García Bacca, *Los presocráticos* (México: Fondo de Cultura Económica, 1943), p. 3.

hablaban acerca del Ser Supremo era superior al modo en que la Biblia habla acerca de Dios, y a veces hasta se les ha hecho difícil a algunos cristianos ver a ese Ser Supremo como un Dios de amor y misericordia, como un Dios que escucha nuestras oraciones y responde a ellas.

El segundo punto en que aquellos cristianos de los siglos segundo y tercero se vieron criticados por sus contemporáneos paganos era lo referente a la vida tras la muerte. Los cristianos afirmaban esa vida, y de tal modo creían en ella que cuando las circunstancias lo requerían, muchos de ellos estaban dispuestos a ofrendar la vida presente en aras de la futura. Esto también les traía críticas por parte de sus vecinos, quienes les decían que no tenía sentido dar esta vida presente, que es segura, por otra que no lo es. Además, muchos se burlaban de la esperanza cristiana en la resurrección de los muertos. ¿De veras creen ustedes en la resurrección de los muertos? ¿Qué sucede con alguien que murió ahogado y los peces se comieron su cuerpo? ¿Irá Dios por todo el mundo buscando cada pedacito del cuerpo del difunto? ¿Y qué de los átomos que han pertenecido a varios cuerpos? ¿A quién pertenecerán en la resurrección final? ¿Habrá algunos que resucitarán con agujeros, porque esa parte de su cuerpo le pertenece a otros?

En respuesta a tales críticas y burlas, muchos cristianos acudieron a los filósofos en busca de apoyo para su esperanza en la vida tras la muerte. Después de todo, si el mismo *logos* que se encarnó en Jesucristo inspiró también a los filósofos, debe haber en ellos algo acerca de esa vida futura. Ese algo lo encontraron en la doctrina de la inmortalidad del alma, que varios de aquellos venerados filósofos habían enseñado. Así, Sócrates se volvió un héroe para los cristianos, pues murió en perfecta calma, convencido como estaba de que nada ni nadie podía matar su alma. Y los argumentos de Platón para demostrar la inmortalidad del alma se volvieron argumentos cristianos.

Pero, una vez más, el puente apologético se desplaza en ambas direcciones. Lo que al principio fue un argumento para mostrar que no era tan errado creer en la vida tras la muerte, se volvió el modo más común de entender la doctrina cristiana de la vida futura. Así, la doctrina de la resurrección quedó prácticamente olvidada. Olvidada quedó también la doctrina de que sólo Dios es eterno e inmortal, y que el alma sólo tiene vida en tanto y en cuanto Dios se la da y Dios la sostiene. En lugar de eso, se empezó a hablar de almas inmortales que no le deben la vida a la gracia de Dios, sino a su propia naturaleza.

El tercer punto que debemos mencionar es el que se refiere a la esperanza del reino. En este caso, también, los paganos criticaban a los cristianos, y estos respondieron buscando entre los filósofos todo lo que pudiera apoyar tal esperanza. Lo encontraron en la doctrina platónica del mundo de las ideas: un mundo superior al presente, un mundo en el que sólo hay ideas eternas, un mundo que es más real que el presente.

Pero, por tercera vez, el puente apologético se proyecta en ambas direcciones. El día llegó en que la mayoría de los cristianos, en lugar de pensar en el reino como la promesa de un orden futuro para toda la creación, se convencieron de que la esperanza cristiana consistía en ser transportado a un nivel celestial, a otro mundo, y que el reino no era sino ese otro mundo. Con eso se perdió la esperanza escatológica de [...] *un cielo nuevo y una tierra nueva* [...] (Ap 21.1), y se llegó a pensar que el reino de Dios es un lugar de puras almas inmortales.

Volviendo, entonces, a la cuestión de la relación entre la fe cristiana y la nueva cultura en que se iba abriendo camino, podemos resumir lo dicho de la siguiente manera:

Primero, hubo pensadores cristianos que insistieron en que no había ni podía haber relación alguna. La ventaja de tal posición estaba en que se mantenía —o se creía mantener—

la pureza de la fe, libre de toda contaminación con la cultura circundante. Tal actitud, empero, no satisface, pues como hemos venido diciendo desde el principio, la cultura es parte de la obra creadora de Dios. Si Dios es el creador de todo cuanto existe, y si Dios está presente y activo en toda la creación, no es dable pensar que Dios ha estado completamente ausente de secciones enteras de la historia de la humanidad, de continentes completos, hasta que llegó a ellos la fe cristiana.

Segundo, la mayoría de los pensadores cristianos, basándose en la doctrina del *logos*, se mostró dispuesta a aceptar cuanto hubiese de bueno en la cultura circundante. En ese proceso, al mismo tiempo que establecieron puentes con esa cultura, abrieron el camino para que se olvidasen —o al menos se postergasen— varios elementos fundamentales en la fe cristiana.

En estos dos polos vemos resumida la cuestión de la relación entre el cristianismo y las culturas, y las dos alternativas principales, cada una de ellas con sus peligros concomitantes.

Aquí conviene detenernos para señalar dos puntos negativos acerca del uso de la doctrina del *logos* en la tarea misionera durante el curso de la historia. Lo que estos dos puntos critican no es necesariamente la doctrina misma, sino el modo en que se ha empleado a través de los siglos. Ambos puntos pueden tener y han tenido consecuencias trágicas en la historia de los pueblos y de las misiones, y por tanto es de suma importancia que digamos al menos una palabra sobre ellos, con la esperanza de evitar en el futuro al menos algunos de los errores del pasado.

El primer punto puede resumirse en una breve oración: Tristemente, la iglesia parece recordar la doctrina del *logos* solamente en aquellos casos en que no le es posible imponerse a la fuerza sobre una cultura. Tal fue el caso del encuentro que dio origen a la doctrina misma, es decir, el encuentro entre la fe cristiana y la cultura grecorromana. En ese encuentro el pequeñísimo número de cristianos, la mayoría de ellos de las clases más bajas y menos influyentes, difícilmente podía soñar con imponerse a la fuerza sobre la cultura grecorromana, apoyada como estaba por una tradición de siglos y por el poderío del Imperio mismo. Luego, la doctrina del *logos* le permitió a la iglesia ver y reconocer sabiduría aun en aquella cultura que le era hostil y que la despreciaba. De igual modo, cuando Matteo Ricci llegó a la China, y Roberto De Nobili a la India, aunque ambos contaban con fuerte apoyo europeo, no se les ocurrió conquistar ninguno de esos dos países e imponer la cultura europea. Tanto Ricci como De Nobili se distinguieron por su aprecio hacia las respectivas culturas en que laboraban. Siguiendo la vieja tradición del *logos*, ambos veían la mano de Dios en los más grandes logros de esas culturas, especialmente en sus sistemas de valores éticos.

En contraste, cuando los primeros misioneros españoles y portugueses llegaron a estas tierras, fueron pocos los que vieron algo de bueno en las culturas que se habían ido desarrollando acá a través de los siglos. Para la mayoría de ellos —y ciertamente para la oficialidad tanto civil como religiosa— lo que había en estas tierras era obra del demonio. Aunque nunca lo dijeron tan crudamente, tal parecería que el *Logos* o Verbo de Dios no había estado por aquí, que nuestro hemisferio no se contaba entre "todas las cosas" que fueron hechas por el Verbo, y que nuestros antepasados no eran parte de esa humanidad a la que el Verbo alumbra. Y, como sabemos, uno de los modos de asegurarse de que la cuestión del Verbo no se plantease, fue poner en duda la humanidad misma de nuestros antepasados.

De igual modo y por la misma época, cuando otros cristianos llegaron al África a fin de posesionarse de seres humanos a quienes luego los venderían como esclavos, ni a la oficialidad religiosa ni a la civil se les ocurrió plantearse la cuestión de lo que el *logos* había estado haciendo entre los africanos antes de la llegada de los europeos, y cómo esa obra del *logos* podía verse todavía en las culturas africanas.

Luego, la primera crítica o advertencia: tristemente, los cristianos no hemos aplicado consistentemente lo que decimos acerca del *Logos* o Verbo de Dios y su presencia en las culturas. Al contrario, hemos apelado a la presencia del *logos* solamente en aquellas culturas que no hemos podido arrollar.

El segundo punto es parecido, y se refiere también al modo en que tradicionalmente la doctrina del *logos* se ha empleado. Dicho en pocas palabras, lo que ha sucedido es que rara vez la teoría del *logos* se ha aplicado más allá del ámbito de lo meramente racional o doctrinal. Ya en los primeros siglos cuando esa teoría fue formulada, se la empleó para afirmar la correlación entre las doctrinas y enseñanzas de los filósofos y las cristianas. Cuando más tarde se la ha utilizado en otros lugares, lo que se ha hecho ha sido plantear preguntas doctrinales. Así, por ejemplo, en el encuentro con otra cultura planteamos preguntas tales como: ¿Tienen algún sentido de la divinidad? ¿Hay entre ellos una visión monoteísta, o al menos la idea de un dios que reina sobre los dioses? ¿Qué piensan acerca de la vida tras la muerte?, etc. Pero a pocos se les ocurre preguntar qué ha estado haciendo el *logos* en cuanto al modo en que se organizan la sociedad y las familias en esa cultura, o hasta qué punto los valores morales y el concepto de justicia que allí vemos son producto del mismo *logos* que hemos visto encarnado en Jesucristo.

Una vez más, el segundo punto débil en cuanto al modo en que tradicionalmente se ha aplicado la teoría del *logos* es que casi siempre se ha limitado la acción del *logos* a lo racional y doctrinal.

Esto no ha de sorprendernos. Más arriba indicamos cómo entre los filósofos griegos la teoría misma del *logos* fue sobre todo un modo de explicar la racionalidad del universo. Es más, la palabra misma, *logos*, en sus orígenes quiere decir, entre varias otras cosas, *razón* o *discurso racional*. Y ello se ve todavía en el modo en que la usamos al componer los nombres de disciplinas tales como la geo*logía*, la fisio*logía* o la teo*logía*. Por estas dos razones, en la discusión misiológica la teoría del *logos* se ha empleado relativamente poco después de su creación y apogeo en los siglos tercero y cuarto. Pero al leer el prólogo al cuarto evangelio vemos que lo que allí se entiende por Verbo o *Logos* es mucho más que la mera razón o el discurso racional. Con todo eso, se debe reconocer que esa teoría tiene al menos el valor de colocar la tarea misionera dentro de su más amplio contexto cósmico, y ayudarnos a ver en ella mucho más que nuestro esfuerzo por obedecer el mandato de Jesucristo.

Quizá, entonces, el mejor modo de ver esa dimensión cósmica de la misión, así como la dimensión teológica de las culturas, sea volver sobre el más conocido de los pasajes que se emplean como base y justificación para la empresa misionera. Me refiero a lo que tradicionalmente se llama la Gran Comisión, en Mateo 28.19: *Por tanto, vayan y hagan discípulos de todas las naciones* [...]. Ese pasaje me intrigó siempre. Pero no solamente por su llamado a la misión universal, o por los temas que otros han debatido acerca de la relación entre la enseñanza, la predicación, el bautismo y los mandamientos de Jesús. Me intrigó sencillamente por una cuestión gramatical. Me intrigó porque empieza con un «por tanto»[13].

Nadie empieza a hablar diciendo por tanto. La frase misma requiere un antecedente: No decimos, "por tanto, no puedo comprar más". Decimos más bien: "Se me acabó el dinero; por tanto, no puedo comprar más". Sería muy extraño que

---

13 Se debe reconocer que lo que la RVR traduce como "por tanto" es la partícula *de*, intraducible al castellano, pero cuya fuerza no es la de un "por tanto", sino más bien la de un "pues". Pero en todo caso, la partícula misma requiere una relación con lo que antecede.

un orador comenzara un discurso diciendo: "Por tanto, me alegro de estar acá". Diría más bien: "Me gusta Lima; por tanto, me alegro de estar acá".

¿Cuál es entonces el antecedente de la Gran Comisión? El texto está muy claro. Jesús dice: [...] *Se me ha dado toda autoridad en el cielo y en la tierra. Por tanto, vayan* [...] (Mt 28.18-19). La razón para ir es que Jesús ha recibido toda potestad en la tierra y en el cielo. Si tomamos este texto en serio, resulta que el propósito de nuestro ir, la razón de nuestro ir, no es llevar a Jesucristo a un nuevo lugar, ni es tampoco llevar su señorío. Según este texto, Jesús ya es señor de ese lugar desde mucho antes de que nosotros vayamos allá.

Esto se ve claramente en el capítulo 10 de Hechos, en el pasaje que comúnmente se llama "la conversión de Cornelio", pero que con igual razón podría llamarse "la conversión de Pedro". Lo que allí vemos es el contraste y la confluencia entre dos visiones, ambas de Dios. La primera le llega, no a Pedro, quien ya es creyente, sino a Cornelio, quien es centurión del mismo ejército que crucificó a Jesús, y quien vive en la ciudad mayormente pagana de Cesarea. Es más, la visión de Cornelio es clara y precisa. El texto dice que [...] *tuvo una visión. Vio claramente* [...] (Hch 10.3). En esa visión, un ángel se le aparece y le da instrucciones precisas: *Envía de inmediato a algunos hombres a Jope para que hagan venir a un tal Simón, apodado Pedro. Él se hospeda con Simón el curtidor, que tiene su casa junto al mar* (Hch 10.5.6).

En contraste con la visión de Cornelio, la de Pedro le llega un día después, cuando ya los enviados de Cornelio están llegando a Jope. Y su visión no es clara. El texto dice que [...] *vio algo parecido a una gran sábana* [...] (Hch 10.11). En esa gran sábana hay toda clase de animales, y una voz invita a Pedro a matar y comer. Pedro se niega, pues en el lienzo hay animales inmundos, y él es buen judío. La voz le dice: [...] *Lo que Dios ha purificado, tú no lo llames impuro* (Hch 10.15). Pero Pedro todavía se niega, y a la tercera vez el lienzo desaparece y la visión se esfuma. En cuanto a Pedro, el texto nos dice que [...] *no atinaba a explicarse* [...] (Hch 10.17). Es entonces cuando llegan los enviados de Cornelio. Pedro va con ellos porque el Espíritu así se lo ordena, pero en realidad no sabe por qué ni a qué va. Cuando por fin llega a casa de Cornelio, le recuerda que [la] *ley prohíbe que un judío se junte con un extranjero o lo visite* [...] (Hch 10.28), y le dice que ha venido sólo porque Dios así se lo ha mandado. Ya vemos aquí que Pedro va cambiando de actitud hacia los gentiles, aunque al parecer no de muy buena gana.

Cuando por fin Pedro empieza a explicarles el evangelio a Cornelio y los suyos, el Espíritu Santo cae sobre todo el grupo. Y es entonces cuando Pedro por fin ve la luz y se pregunta: *¿Acaso puede alguien negar el agua para que sean bautizados estos que han recibido el Espíritu Santo lo mismo que nosotros?* (Hch 10.47). Luego, lo que acontece aquí es que Cornelio y los suyos se convierten al cristianismo y son bautizados; pero también es Pedro el que se convierte de un cristianismo estrecho, limitado a los hijos de Israel, a un cristianismo más amplio, en el que el Espíritu obra más allá de los límites del pueblo judío. Y, si seguimos leyendo el libro de Hechos, en el capítulo 11 veremos que esto lleva a la conversión de la iglesia en la misma Jerusalén. Al enterarse de lo que Pedro ha hecho, los creyentes en Jerusalén le piden cuentas. Cuando Pedro les narra lo acontecido, ellos también descubren una nueva dimensión en su fe: *¡Así que también a los gentiles les ha concedido Dios el arrepentimiento para vida!* (Hch 11.18).

Pedro no fue a Cesarea para llevar a Jesús. Fue porque Jesús ya estaba allí. Y yendo a Cesarea, aprendió algo acerca de ese señorío de Jesucristo que él mismo llevaba ya tiempo predicando en Jerusalén y Judea. El fundamento de la Gran Comisión está en que Jesús puede declarar *Se me ha dado toda autoridad en el cielo y en la tierra* (Mt 28.18). Aquella Cesarea y aquel Cornelio, ciudad pagana y centurión pagano, estaban ya bajo el dominio de Jesucristo, aunque no lo sabían. Y al ir allá, Pedro descubre algo acerca de ese mismo Jesucristo y de su evangelio.

Si tomamos en serio lo que antecede a la Gran Comisión, resulta que no son sólo las naciones las que necesitan el testimonio de la iglesia. Es también la iglesia la que necesita de las naciones, porque cada vez que conoce y experimenta la presencia de Jesucristo en un nuevo contexto, aprende algo del significado y alcance del poder de su Señor. Sin Jerusalén, el evangelio no habría llegado a Cesarea; por tanto, en cierto modo, Cesarea es gloria de Jerusalén. Pero sin Cesarea, el evangelio se habría quedado enquistado en Jerusalén.

Todo esto nos ayuda, entonces, a reflexionar un poco más sobre la relación entre las culturas y el evangelio. Como indicamos desde el principio, el que haya cultura es parte del propósito de Dios en la creación misma. La diversidad de culturas, que el Génesis atribuye a la historia de Babel, es a la vez castigo y liberación. Como castigo, causa confusión, falta de comunicación. Como diversidad, libera a toda cultura de sus sueños de universalidad. En Pentecostés, al tiempo que se afirma la diversidad, se afirma también la comunicación. Cada cual oye en su propia lengua; pero todos oyen el evangelio de Jesucristo. Puesto que quien se encarnó en Jesucristo, y quien nos ha dado de su Espíritu en Pentecostés, es el creador de todo cuanto existe y la fuente de todo cuanto se conoce, y por cuanto en su resurrección toda potestad le fue dada sobre el cielo y la tierra, nos corresponde a los creyentes en Jesucristo descubrir y anunciar su poder y su presencia en todo lugar y toda cultura. Así lo hizo Pedro, aun para sorpresa suya, al encontrarse con Cornelio. Así lo hizo Pablo en el Areópago de Atenas. Así lo hizo la iglesia de los siglos segundo y tercero al desarrollar la doctrina del *logos*...

Pero la cosa no es tan sencilla. Pedro descubrió la acción del Espíritu en Cornelio y los suyos; pero pronto el imperio que Cornelio mismo representaba estaría persiguiendo a los cristianos. Y todo parece indicar que el propio Pedro fue muerto por ese imperio. Pablo les dijo a los atenienses que les predicaba al [...] DIOS DESCONOCIDO [...] (Hch 17.23) a quien ellos también se referían; pero, con todo eso, al hablarles acerca de la resurrección de los muertos, provocó burlas y desprecio entre ellos. Justino, uno de los principales promotores de la doctrina del *logos*, y por tanto uno de los autores cristianos que más respeto mostraron hacia la filosofía grecorromana, murió como mártir a manos del Imperio romano bajo el gobierno de Marco Aurelio, el emperador que más que cualquiera otro respetaba y seguía las enseñanzas de los filósofos.

La explicación teológica de todo esto resulta clara: el pecado ha afectado a toda la creación, incluso a sus culturas. La cultura grecorromana, al dar amplias señales de la presencia de Dios en ella, también daba igualmente amplias señales de la presencia del pecado. Así, aquella misma cultura que habló en tonos tan excelsos de la sabiduría y de la justicia, no consideraba nada extraordinario ni condenable el que se expusiera a los recién nacidos indeseados a morir a la intemperie, presa de las fieras o víctimas de los elementos.

La cultura china, en la que Ricci laboró y en la cual vio tantos indicios de la presencia iluminadora del Verbo de Dios, era la misma que ataba y deformaba los pies a las niñas, de tal modo que casi no podían andar. La cultura hindú, donde De Nobili observó también tantos destellos de sabiduría, era la misma que quemaba vivas a las viudas en las piras fúnebres de sus esposos, y que le sacrificaba niños al Ganges. En algunas de nuestras culturas indígenas, que hoy a veces romantizamos, se practicaba el sacrificio humano y en ocasiones hasta el canibalismo. En resumen, repitámoslo, el pecado ha afectado a toda la creación, y esto incluye también a las culturas.

Pero con eso no basta. Por muy pecaminosas que puedan ser las culturas, como seres humanos tenemos que vivir dentro de ellas. Como cristianos debemos juzgarlas al tiempo que las apreciamos; tenemos que dar testimonio dentro de ellas del poder redentor de Jesucristo, que es poder no sólo para cambiar vidas individuales, sino también para transformar las culturas. Por ello, es necesario que pensemos en términos prácticos acerca de lo que acontece —y lo que debería acontecer— cuando el evangelio cruza fronteras culturales.

En otras palabras, es necesario que nos detengamos a analizar algunas de las consideraciones, expectativas y prácticas que mejor se aplican en el contexto de la misión transcultural.

*Capítulo 6*

# CULTURA Y MISIÓN

Hasta aquí hemos visto que el hecho mismo de que haya cultura —y de que exista cultivo y culto— es parte del propósito de Dios desde la misma creación. Hemos visto también que el pecado que ha corrompido la creación y la vida humana, ha corrompido también todas las culturas. A esto hemos añadido que la diversidad de culturas, al tiempo que puede verse como consecuencia del pecado, es, asimismo, también acción liberadora por parte de Dios. Finalmente, en el capítulo 5, vimos que el mismo Verbo de Dios que existía desde el principio con Dios, por medio del cual todas las cosas fueron hechas, es el mismo Verbo que sigue actuando en la creación y, por tanto, en todas sus culturas. Vimos, además, que la Gran Comisión se fundamenta precisamente en esa presencia universal de Jesucristo, quien la introduce con las palabras [...] *Se me ha dado toda autoridad en el cielo y en la tierra* (Mt 28.18).

Lo que todo esto quiere decir, en resumen, es que toda cultura ha de verse bajo el doble lente del amor y presencia de Dios, por una parte, y la corrupción del pecado, por otra. Toda cultura es pecaminosa; pero, al mismo tiempo, Dios actúa en toda cultura.

Esto parece ser un buen principio. Pero no es suficiente; y mucho menos cuando de cruzar fronteras culturales se trata.

Si parte de la misión de la iglesia consiste en encarnar el evangelio en una diversidad de culturas, ¿cómo se logra esto? ¿Qué significa para la labor misionera de la iglesia?

Significa, en primer lugar, lo que ya hemos dicho anteriormente: que al encontrarse con una nueva cultura los creyentes en Jesucristo han de tratarla con respeto, como lugar sagrado en el cual la autoridad de Jesucristo ya se ejerce, aunque quienes estén allí no lo sepan. Como hemos indicado, fue así como los primeros cristianos lograron abrirse paso en el mundo grecorromano, y darle origen a una iglesia que, siendo semita en su origen, pronto se arraigó y encarnó en esa otra cultura.

Detengámonos por un momento a pensar e imaginar: ¿Qué pudo haber sucedido si aquellos primeros cristianos europeos que llegaron a nuestras tierras hubieran visto a nuestros antepasados indígenas, no como gente descarriada por los demonios, sino como pueblos y culturas en los cuales estaba ya presente el Verbo de Dios? Ciertamente, en lugar de destruir los antiguos códices, los habrían estudiado para ver qué valor había en ellos. De nuestros antepasados habrían aprendido sanidades y remedios que pudieron haber salvado muchas vidas en todo el mundo; habrían aprendido observaciones astronómicas que la vieja Europa todavía no había hecho; habrían aprendido cómo cultivar la tierra de modo que pudiese continuar sosteniendo a la población.

En cuanto a la vida eclesiástica, habrían sabido que a Dios no hay que adorarlo siempre en latín. Habrían aprendido el arawak, el náhuatl, el quechua y el aymara. Habrían hecho de esas lenguas verdaderos instrumentos para el culto y la comunicación. Habrían estado dispuestos a colocar personal nativo al frente de las iglesias tan pronto como fuese posible. Y así habría surgido una iglesia verdaderamente arraigada en nuestras culturas, y luego en las nuevas culturas que iban naciendo con el correr del tiempo y con los encuentros entre diversas culturas.

Pero no. No fue eso lo que hicieron. Y esto por dos razones: La primera de ellas es que aquellos cristianos —no sólo los conquistadores que venían para hacerse ricos y posesionarse de las tierras y los tesoros, sino incluso los más sinceros cristianos españoles— no conocían otro modo de ser cristiano que el de ellos. Por largos siglos España había sido tierra compartida entre cristianos, moros y judíos. Pero, poco más de un siglo antes de la Conquista, se había creado el mito de la reconquista. Según este, desde el año 711, cuando los moros invadieron la Península y destruyeron el reino visigodo, hasta aquel momento culminante de la capitulación de Granada en 1492, España se había dedicado a un largo proceso de reconquista en el que los héroes cristianos poco a poco habían vuelto a capturar el territorio perdido en manos del islam. La verdad histórica es otra. Por largo tiempo España no fue sino un mosaico de reinos y señoríos, cada cual luchando por sus propios intereses, y en el que frecuentemente los cristianos se aliaban a los musulmanes para hacer la guerra contra otro cristiano o contra otro musulmán. Pero los españoles del siglo xvi creían el mito. Para ellos, España había nacido precisamente de la guerra contra el infiel.

Esa visión se vio confirmada cuando el Rey de España, Carlos i, mejor conocido por su título como Emperador Carlos v, se vio confrontado por la Reforma Protestante en sus territorios alemanes. Viéndose en tal situación, no pudo sino apelar a España para que fuese el principal recurso económico y militar en su oposición al protestantismo. Desde el punto de vista de España, esto confirmaba lo que ya se había visto en la reconquista: España era la nación llamada a salvaguardar la ortodoxia católica, no ya sólo ante el islam, sino también frente a los protestantes y cualquier otro que difiriera en lo más mínimo de esa ortodoxia.

Todo esto fue posible porque España no tenía prácticamente ningún contacto con quienes eran cristianos de otro modo. La caída de Constantinopla ante los turcos unos años antes había producido un número de refugiados griegos, pero la mayoría de ellos había ido a Italia, de modo que su impacto en España fue leve. Es más, por algún tiempo la corona de Aragón, y luego la de España, habían gozado de fuerte influencia sobre el papado. En España misma, la Inquisición se ocupaba de perseguir y suprimir cualquier brote de diferencia. Había por tanto un solo modo de ser cristiano, y ese modo era el español.

Pedirles a tales personas que siquiera considerasen la posibilidad de una iglesia diferente, encarnada en una cultura diferente, habría sido como pedirle peras al olmo. Esa falta de experiencia con otros cristianismos fue una de las razones por las que la iglesia española no pudo ver lo mucho que había de valor en estas tierras, y lo interpretó todo como obra del demonio.

La otra razón es que no les convenía. Si nuestros antepasados indígenas eran salvajes guiados por los demonios, no había por qué respetar sus derechos de propiedad y sus instituciones. Por ello hubo en España, particularmente en la Universidad de Salamanca, largos y fuertes debates acerca de si los nativos de estas tierras eran legítimos dueños de ellas, si sus gobernantes eran legítimos gobernantes, y hasta si tenían alma. Mientras los debates tenían lugar, acá se actuaba como mejor les convenía a los conquistadores, posesionándose de las tierras y las casas, arrancando el oro y la plata de templos y palacios, destruyendo las instituciones que no servían a los intereses de los conquistadores, y posesionándose de otras que de algún modo sí podían servir a esos intereses.

En resumen, tanto por su conveniencia como por su miopía y falta de perspectiva, aquellos primeros cristianos que llegaron a estas tierras no podían concebir cómo el Verbo de Dios pudo haber estado presente aquí desde mucho antes que ellos, y mucho menos cómo ese Verbo pudo haberse manifestado en las culturas con las que ahora los españoles se topaban.

Volvamos entonces a nuestra pregunta inicial: Si parte de la misión de la iglesia consiste en encarnar el evangelio en una diversidad de culturas, ¿cómo se logra esto?, ¿qué significa esto para la labor misionera de la iglesia? Y nuestra primera respuesta es: Significa, en primer lugar, lo que ya hemos dicho anteriormente, que al encontrarse con una nueva cultura los creyentes en Jesucristo han de tratarla con respeto, como un lugar sagrado en el cual la autoridad de Jesucristo ya se ejerce, aunque quienes estén allí no lo sepan.

En segundo lugar, significa que quien lleva el evangelio de una cultura a otra debe estar consciente de que lo lleva envuelto en un contexto cultural; que lo que lleva consigo no es el evangelio puro, abstracto, sino el evangelio encarnado en la cultura del propio misionero. Aquí también podríamos tomar el ejemplo de los misioneros españoles y portugueses. Pero no hay que ir tan lejos. Todo misionero o misionera, no importa su procedencia o postura teológica, trae consigo su cultura. Eso es inevitable, y haríamos mal culpándolos o criticándolos por ello. Yo no puedo despojarme de mi cultura, y no debo exigirle a otro que haga lo que yo no puedo.

Lo que sí podemos hacer es estar conscientes del hecho inevitable de que nuestra cultura impacta en el modo en que entendemos y vivimos la fe. Por el hecho mismo de que es nuestra cultura, y la damos por sentada como parte de la realidad, no podemos saber exactamente cómo o en qué modos influye sobre nuestras vidas en general y sobre nuestra fe en particular. Lo cierto es que, si sólo he conocido mi cultura, por mucho que me examine a mí mismo, no puedo ver cómo es que esa cultura me afecta, tal como, me imagino, el pez no puede ver cómo lo afecta el agua.

Por otra parte, si bien pedirles a quienes cruzan fronteras culturales que se despojen de su cultura es requerir lo imposible, sí debemos al menos esperar que tales personas estén conscientes, al menos en teoría, de que su modo de entender y vivir el evangelio —por muy ortodoxo que sea— es *su* modo de entender y vivir el evangelio *dentro de su cultura*, y que al llevar ese mensaje a otra cultura no deberán sorprenderse si ese mensaje se encarna de maneras inesperadas. Y lo que decimos de quien viene desde fuera de nuestras culturas, hemos de decirlo también de nosotros mismos cuando nos encontramos en un contexto cultural diferente del nuestro.

Volvamos, entonces, una vez más a nuestra pregunta inicial: Si parte de la misión de la iglesia consiste en encarnar el evangelio en una diversidad de culturas, ¿cómo se logra esto?, ¿qué significa para la labor misionera de la iglesia? Y nuestra segunda respuesta es: Significa que quien cruce fronteras culturales llevando consigo el evangelio, deberá hacerlo sabiendo que también lleva consigo su cultura, y que es inevitable que mucho de lo que esa persona considera parte esencial del evangelio no sea sino el modo concreto en que el evangelio se vive dentro de su propia cultura.

A todo esto podríamos añadir que, en tercer lugar, significa que el verdadero proceso de encarnar el evangelio en una nueva cultura tiene que ser llevado a cabo principalmente no por misioneros procedentes de otras culturas, sino por quienes desde dentro de esa cultura, y como parte de ella, aceptan el evangelio. En este sentido, los misiólogos y otros distinguen entre *aculturación* y *enculturación*. Aculturación es lo que intentan hacer los buenos misioneros. Consiste en tratar de adaptar su presentación a la cultura receptora. Naturalmente, el primer paso en tal aculturación es normalmente la traducción o aculturación lingüística. El misionero o misionera aprende la lengua de aquellas personas a quienes quiere comunicar su fe. Junto a esto van otros aprendizajes, todos los cuales son medios y grados de aculturación. Así, el misionero descubre que en una cultura es costumbre entrar descalzo a un lugar, en señal de respeto, y se acomoda a ese principio celebrando el culto descalzo, e invitando a los participantes a dejar su calzado a la puerta del templo. Esto fue lo que hizo Ricci en China, al estudiar la sabiduría confuciana y presentarse como un sabio dentro de esa tradición. Pero al misionero se le hace prácticamente imposible pasar de la aculturación a la *enculturación*.

La *enculturación* tiene lugar cuando un número suficiente de personas dentro de una cultura se posesiona de tal modo del evangelio, que comienza a interpretarlo y vivirlo dentro de sus patrones culturales, y no ya dentro de los patrones del misionero. Lo que más frecuentemente sucede es que algunos de los miembros de la cultura receptora se percatan del desfase entre su cultura y su fe, y comienzan a buscar modos de reinterpretar esta dentro de sus propios patrones culturales. Era en esa fase donde me encontraba yo en aquellos momentos que he descrito en el primer capítulo de este libro. Como dije allí, por una parte estaba convencido de mi fe evangélica; pero, por otra, me dolía el modo en que esa fe parecía oponerse a buena parte de mi herencia cultural.

Sin embargo, la verdadera enculturación se alcanza más tarde, cuando se ha pasado de la fase del cuestionamiento y el evangelio se encarna en una cultura, no porque alguien considera cómo ha de encarnarse, o debido a que alguien prepara un plan para esa encarnación, sino sencillamente porque los creyentes viven su fe dentro de su propia cultura, y poco a poco van descubriendo modos de expresar e interpretar el evangelio en términos de esa cultura. Puesto que lo normal es que quien vive dentro de una cultura no se percate de sus peculiaridades, la enculturación, la encarnación del evangelio dentro de una cultura, tiene mucho de inconsciente. No es cuestión de sentarse a analizar la cultura propia, hacer una lista de características culturales y otra de elementos en el evangelio y ver cómo se unen las dos listas. Es más bien cuestión de ser parte de una comunidad profundamente insertada en su cultura, que al mismo tiempo trata de vivir el evangelio, de adorar al Señor, de entender las Escrituras, etc. Es más, si tomamos en serio lo que dijimos antes acerca de la autoridad que le ha sido dada a Jesucristo sobre toda la creación, y de cómo el Verbo que se encarnó en nuestro Salvador es la luz que ilumina a toda persona que viene a este mundo, tenemos que decir que aun la palabra enculturación se queda corta con respecto a lo que es en realidad nuestra tarea respecto a la cultura, porque lo que hemos de hacer no es adaptar el evangelio para que se exprese en términos de nuestra cultura. Lo que debemos realizar es mirar nuestra cultura a la luz del evangelio para tratar de descubrir en ella aquellos elementos en los cuales verdaderamente podemos decir que el Verbo ha estado actuando, y asegurarnos de que forman parte de nuestro entendimiento, no sólo del evangelio, sino de la realidad toda.

Volvamos, entonces, por tercera vez a nuestra pregunta inicial: Si parte de la misión de la iglesia consiste en encarnar el evangelio en una diversidad de culturas, ¿cómo se logra esto?, ¿qué significa para la labor misionera de la iglesia? Ahora debemos añadirle a nuestra respuesta que la enculturación es tarea de los nacionales, de quienes ya pertenecen a una cultura, que no es justo ni razonable esperar que personas de otras culturas puedan llevarla a cabo, y que esa enculturación es sólo el principio de un proceso mediante el cual vamos descubriendo lo que Dios ha estado haciendo en nuestras culturas por siglos.

Pero se plantea otro problema. Puesto que la cultura es al ser humano como el agua al pez, existe el serio peligro de que sencillamente tomemos lo que nuestra cultura nos enseña, la "bauticemos", por así decir, y hagamos poco por transformar sus elementos negativos. Ese peligro no es imaginario, sino que es tan real que la historia nos proporciona abundantes casos de ello.

A manera de advertencia, veamos algunos ejemplos. El primero de ellos, ya lo hemos mencionado. Se trata de la penetración del evangelio en la cultura helenista de la cuenca del Mediterráneo de los primeros siglos de nuestra era. En otro capítulo vimos cómo poco a poco la iglesia fue modificando sus doctrinas acerca de Dios, del reino de Dios y del alma, ajustándolas a la visión helenista de estos temas. Pero eso no es lo más serio. Lo más serio es que también poco a poco, según se fue haciendo más aceptable a la cultura grecorromana, la iglesia de los primeros siglos fue abandonando su visión inicial de una sociedad distinta a la del Imperio romano. Esto, a tal punto que, cuando por fin en el siglo cuarto el Imperio se hizo cristiano, esto acarreó muy pocos cambios en el orden de la sociedad, en el sistema de esclavitud y opresión, en las leyes respecto a la propiedad y en el orden de la administración civil y militar.

Otro ejemplo: Cuando en los siglos quinto y sexto, y luego a través de una serie de sucesivas invasiones, los pueblos germanos se unieron a la iglesia y llegaron a ser el grupo dominante dentro de ella, su modo de entender la sociedad vino a ser el modo en que los cristianos pensaban que la sociedad debía organizarse. La doctrina de la expiación fue reformulada en términos del orden jerárquico de la sociedad germana y de los sistemas de honor y honra de las leyes sálicas. La fe se militarizó cada vez más. Inclusive se escribieron "evangelios" en los que Jesucristo es el gran guerrero rodeado de sus doce capitanes. Se crearon órdenes militares monásticas, en la que los monjes eran guerreros. Y se pensó que el mejor modo de responder a la amenaza de la heterodoxia y de otras religiones era arremeter contra ellas en las cruzadas. Esto llegó a tal punto que, puesto que los griegos, aunque cristianos, no eran como los occidentales, los cruzados se lanzaron sobre

Constantinopla, la saquearon, y así le abrieron paso al avance final de los turcos.

Otro ejemplo: Cuando aquellos primeros europeos llegaron a estas tierras, estaban tan convencidos de que su modo de ver la realidad era el único modo cristiano, que no podían ver acá sino error y engaño. Hasta en el caso de bautizar a nuestros antepasados, era necesario darles nombres "cristianos", como si los nombres españoles y portugueses tuviesen en sí mismos algo de particularmente cristiano.

Un ejemplo más: Cuando a principios de la era industrial el capitalismo se abrió paso principalmente entre las naciones protestantes, esas naciones comenzaron a gozar de riquezas nunca antes soñadas. En las principales naciones que florecieron gracias al capitalismo —Holanda, Gran Bretaña, Alemania, los Estados Unidos— había una fuerte presencia cristiana, mayormente protestante. Pero fueron pocos los que vieron el lado negativo de lo que estaba sucediendo. Con increíble facilidad la iglesia abandonó lo que había enseñado por siglos acerca del abuso de los préstamos a interés y acerca de los derechos de los pobres. El día llegó —y todavía persiste— en que la mayoría de los cristianos en esos países pensó que el capitalismo era parte de un orden esencialmente cristiano establecido por Dios, y que toda alternativa —y a veces hasta toda crítica— a los desmanes del capital era necesariamente anticristiana. Y por medios semejantes se justificó el imperialismo, primero europeo y luego norteamericano, al punto de que muchos pensaron que la expansión del imperio era un gran servicio a Dios.

Y, por último, quizá el más trágico y bochornoso de los ejemplos. Cuando en las primeras décadas del siglo XX Alemania comenzó a perder su hegemonía europea, y el nacionalismo que surgió como reacción a ello trajo consigo el nazismo, hubo cristianos alemanes —millones de ellos— que no vieron incompatibilidad alguna entre la ideología del nuevo régimen y su fe. Al contrario, hubo muchos cristianos —pastores y teólogos— que sencillamente llegaron a la conclusión de que la fe cristiana tenía su máxima expresión en Alemania, y que no había mejor modo de ser cristiano que ser nacionalista alemán. Gracias a Dios, hubo otros que entendieron la situación de manera muy diferente, y cuyos nombres han venido a ser gloria de la iglesia universal.

Me parece que con esos ejemplos basta para señalar el peligro de toda enculturación. El peligro es real y omnipresente. Nadie escapa de él, sencillamente porque, como he dicho repetidamente, nuestra cultura es tan parte de nuestra realidad como lo es el agua para el pez.

Volvamos entonces a la cuestión que me planteaba en mi juventud, y que he contado en el primer capítulo: ¿Qué hemos de hacer para que el evangelio tome forma en nuestra cultura, para que deje de ser una importación del Atlántico del Norte, y sea una realidad verdaderamente nuestra?

La respuesta es sencilla: Eso ya ha sucedido en modos que yo no pude prever. Cuando, de joven, me planteaba esa pregunta, los evangélicos en mi país éramos poco más del uno por ciento de la población. En algunas clases, yo era el único protestante a quien mis compañeros conocían. Hoy en todos los países de América Latina hay fortísimas iglesias evangélicas. En varios de ellos, los evangélicos se cuentan en millones. Cuando yo era joven, se nos hacía difícil reunir un centenar de pastores de todas las denominaciones en el país. Ahora, en tiempos recientes, he tenido oportunidad de hablarles a miles de pastores de una sola denominación en un solo país, ¡y esos miles eran sólo una fracción del cuerpo ministerial de esa denominación!

Luego, la enculturación del cristianismo evangélico en nuestra América no es ya un proyecto. Es una realidad. Las preguntas que me hacía de muchacho han hallado respuesta, no en algo que yo haya hecho o investigado, sino en los millones que hoy en nuestras tierras, desde el Río Bravo hasta la Tierra del Fuego, se declaran a la vez evangélicos y partícipes de la cultura que los vio nacer.

Pero, por eso mismo, la cuestión de la relación entre la fe y la cultura se nos plantea de un modo mucho más urgente. Cada vez más, ya no es cuestión de cómo hacer que nuestra fe sea compatible con nuestra cultura, sino de cómo asegurarnos de que esa fe pronuncie los juicios correctos sobre esa cultura. Los peligros de la enculturación de que hablábamos antes ya no son sólo peligros de la iglesia antigua cuando se helenizó, o de la iglesia medieval cuando se germanizó, o de la iglesia moderna cuando se anglosajonizó. Son también peligros de nuestra iglesia cada vez más latinoamericana. Y esos peligros son tanto más serios por cuanto, como he tratado de mostrar en los ejemplos anteriores, a todos se nos hace muy difícil ver cómo nuestra propia cultura afecta el modo en que somos, o en este caso, la manera en que creemos y la forma en que vivimos la fe.

¿Qué hemos de hacer entonces? No hay duda de que la enculturación es buena y necesaria. Pero tampoco hay duda de que es harto peligrosa. Es aquí donde entra en juego la diversidad a que nos referimos antes, y en particular la catolicidad. A modo de breve repaso, repitamos sencillamente que lo verdadera y etimológicamente *católico* es lo que es *según el todo*. La catolicidad requiere una diversidad de perspectivas. Por ello, desde el mismo día en que la iglesia nace, en el Pentecostés, nace como un cuerpo en el cual el evangelio se escucha en una multiplicidad de lenguas. Y por eso, también, nuestro Nuevo Testamento incluye, dentro de una sola carátula y como un solo volumen, cuatro evangelios, todos diferentes, cada cual con sus intereses y su trasfondo cultural, pero todos dando testimonio del mismo evangelio.

Si decíamos, varios capítulos atrás, que la multiplicidad de culturas tiene una función liberadora, y que esa función consiste en librar a toda cultura —en particular a las culturas hegemónicas— de la ilusión de que son absolutas, ahora vemos que esa función se extiende también a la vida de la iglesia. La multiplicidad de culturas en la iglesia, lejos de amenazar su fidelidad, la posibilita. Cuando Roberto De Nobili fundó en la India una iglesia en la cual el sistema de castas se aceptaba sin crítica alguna, fue el resto de la iglesia la que le recordó a aquella naciente iglesia que el evangelio no permite tales distinciones. Cuando el sistema económico de las grandes plantaciones en América llevó a las iglesias a aceptar el régimen de la esclavitud como si fuese cosa normal, fueron cristianos en otros países en los que no existían tales plantaciones quienes primero y con mucha fuerza condenaron el tráfico de esclavos. Hoy, cuando la globalización económica divide al mundo cada vez más entre ricos y pobres, son cristianos en los países empobrecidos quienes llaman la atención de toda la iglesia al carácter esencialmente anticristiano del orden económico que va surgiendo. La verdadera catolicidad no es uniformidad, sino todo lo contrario, es una variedad tal que toda la iglesia en todas partes del mundo, como un solo cuerpo con varios miembros, se mantiene en comunicación para el bien de todo el cuerpo.

Me parece que no hay mejor modo de decir esto que como lo dijo San Pablo:

> [...] así como el cuerpo es uno, y tiene muchos miembros, pero todos los miembros del cuerpo, siendo muchos, son un solo cuerpo, así también Cristo. Porque por un solo Espíritu fuimos todos bautizados en un cuerpo, sean judíos o griegos, sean esclavos o libres; y a todos se nos dio a beber de un mismo Espíritu.
>
> 1 Corintios 12.12-13 (RV60)

A todos se nos dio a beber de un mismo Espíritu. A quienes alaban a Dios en castellano, a quienes lo alaban en quechua o en chino y a quienes lo alaban en lenguas desconocidas.

A quienes adoran a Dios con tambores, a quienes lo adoran con guitarras y panderos, y a quienes lo adoran con fugas de Bach. A quienes bautizan de una manera y a quienes bautizan de otra. A quienes manifiestan la enculturación del evangelio en una cultura y a quienes la manifiestan en otra.

Y todo esto ha sido hecho, según San Pablo, para que cada uno de todos esos miembros tan dispares complemente y corrija y enriquezca a los demás:

> En realidad, Dios colocó cada miembro del cuerpo como mejor le pareció. Si todos ellos fueran un solo miembro, ¿qué sería del cuerpo? Lo cierto es que hay muchos miembros, pero el cuerpo es uno solo.
>
> 1 Corintios 12.18-20

Si lo que Pablo dice es cierto —y lo es— que es la edificación de todo ese cuerpo lo que hemos de buscar, pues de igual manera que un miembro cualquiera del cuerpo sólo puede ser saludable en la medida en que todo el resto del cuerpo es saludable, así también sucede lo mismo en el caso de las iglesias en diferentes culturas. Y por ello, *si uno de los miembros sufre, los demás comparten su sufrimiento; y si uno de ellos recibe honor, los demás se alegran con él* (1Co 12.26).

Hay, sin embargo, un modo en que la iglesia en sus mejores tiempos ha empleado para asegurarse de su propia identidad ante las culturas en que existe, sean estas favorables o no. Ese medio es el culto, del que nos ocuparemos en el próximo capítulo.

*Capítulo 7*

# CULTO Y CULTURA

Ya hemos dicho y repetido que las palabras *culto* y *cultura* se relacionan etimológicamente, y que esa relación verbal apunta hacia una relación real. No cabe duda que el culto ha de reflejar, y normalmente refleja, la cultura que lo celebra. Sobre eso se ha dicho tanto que no hay por qué abundar en ello, aunque más adelante sí haremos algunos comentarios al respecto. Pero poco se dice del modo en que la adoración cristiana misma señala y celebra cierta relación entre la fe y la cultura.

Desde tiempos antiquísimos, y a través de casi toda su historia y todas sus diversas encarnaciones en una gran variedad de culturas, el culto cristiano se ha centrado en dos ritos fundamentales que tradicionalmente se llaman *sacramentos*, aunque algunos prefieran llamarlos *ordenanzas*. Estos son el bautismo y la comunión. Uno es el rito de iniciación, y el otro el que señala y fortalece nuestra unión con Cristo y entre nosotros. Uno se celebra sólo una vez en la vida, y el otro se celebra —o al menos debería celebrarse— regular y repetidamente.

Ahora bien, cuando examinamos esos dos ritos desde el punto de vista de lo que hemos estado discutiendo acerca de la relación entre la cultura y el cultivo, vemos que hay importantes diferencias entre ellos.

Primero el bautismo. Este se celebra con agua. El agua no es algo que el ser humano produzca por sí mismo, sino que es más bien un don de Dios que encontramos por todas partes. La hallamos en los mares, ríos, lagos y la lluvia. Dios nos la da, y en el bautismo la usamos tal como Él la dio.

Lo que muchas veces no notamos es el paralelismo entre esta agua y la gracia de Dios. El agua no es producto del esfuerzo humano, y tampoco lo es la gracia. Esta es más bien como lluvia que cae del cielo. Hasta hace relativamente poco tiempo, no sabíamos de dónde venían la nubes, ni por qué razón el viento soplaba en una dirección o en otra. La lluvia nos llegaba traída por nubes cuyo origen desconocíamos, llevadas por vientos que no podíamos —ni podemos— gobernar ni entender. Así también es la gracia. Nos llega por medios cuyo verdadero origen y funcionamiento desconocemos, traída por vientos de ese Espíritu que "de donde quiere sopla".

Ciertamente, hay entre los cristianos muchas y diversas posiciones respecto al modo en que el bautismo ha de ser administrado, quién ha de recibirlo, y exactamente qué sucede en él. Unos dicen que el bautismo no es más que un testimonio de la gracia recibida, y otros sostienen que es el medio eficaz por el cual Dios concede tal gracia y nos la hace llegar. Pero tanto nos enfrascamos en esas discusiones que frecuentemente perdemos de vista el punto central del bautismo, en el que todos concordamos: la gracia de Dios, como la lluvia de las nubes, nos llega libremente; como el agua, es producto directo de Dios, sin intervención humana.

En contraste, la comunión emplea pan y vino. Ni el pan ni el vino son producto directo de la naturaleza. El vino no fluye por los arroyos ni llueve del cielo. El pan no crece en árboles, como las manzanas. Tanto el pan como el vino necesitan de la industria humana.

Aunque ciertamente hubo tiempos en que el trigo no era sino una hierba silvestre, ya en tiempos bíblicos el trigo se sembraba y cultivaba, y meses más tarde se segaba, como todavía se hace hoy, si bien con máquinas enormes que hacen el trabajo que antes hacían docenas de trabajadores. Pero no basta con cultivarlo, sino que hay que desgranarlo, trillarlo y molerlo. Una vez hecho todo esto, todavía no tenemos pan, sino sólo harina. Ahora se le debe añadir agua y en la mayoría de los casos levadura. Hay que darle tiempo para que la masa leude. Se lo debe hornear. Y sólo tras ese largo proceso tenemos pan.

Algo semejante sucede con el vino. Se debe sembrar, cultivar, injertar, podar y abonar las vides. Cuando por fin dan fruto, lo que producen no es vino, sino uvas. Las uvas se tienen que pisar en el lagar. Lo que se obtiene entonces es mosto. Este hay que fermentarlo; y si ese proceso de fermentación no se controla, en lugar de vino se produce vinagre. El vino, como el pan, es producto del esfuerzo humano.

Una vez más, hay un contraste entre el bautismo, el cual se celebra con lo que Dios da libremente, y la comunión, que se realiza con lo que el ser humano hace con lo que Dios le dio.

Si relacionamos esto con lo que hemos dicho en los capítulos anteriores acerca de cómo la cultura es el modo en que un grupo humano responde y se relaciona con su medio ambiente, vemos que la diferencia entre el agua del bautismo y el pan y vino de la comunión es paralela a la diferencia entre el huerto que Dios le da al ser humano y el resultado del cultivo de ese huerto, o del resto de la creación. Es de suponerse que en el huerto había agua, pero no pan ni vino. Estos deberían ser —y son— el producto del esfuerzo humano al servicio de los propósitos del Dios que nos puso en su creación para que la cultivásemos.

Luego, si el bautismo señala hacia la gracia libre y soberana de Dios, la comunión nos recuerda que, precisamente por su gracia, Él nos permite colaborar en su obra creadora y redentora. Esa es una de las razones por las que tradicionalmente la iglesia ha insistido en la necesidad del bautismo antes de la comunión. Si fuera posible participar de la comunión antes de o aparte del bautismo, ello nos ocultaría la primacía y prioridad de la libre gracia de Dios, sin colaboración alguna de nuestra parte. Para tomar la comunión, se debe ser bautizado, porque la única entrada que tenemos a la colaboración con la obra redentora de Dios es mediante la gracia gratuita hacia la cual el bautismo apunta. Pero si nos contentamos con el bautismo, olvidamos que el Dios de gracia nos invita a ser partícipes en su obra creadora o, como dice el Génesis, a cultivar el huerto. En la comunión, al presentar ante Dios el producto del trabajo humano y emplearlo para el culto, señalamos que el culto a Dios incluye el cultivo, la tarea de tomar la creación y el orden en que vivimos y hacerlos más conformes a los propósitos de Dios.

Tanto el bautismo como la comunión son señal e instrumento de la unidad entre los creyentes, de una unidad capaz de cruzar fronteras culturales. Y aquí también hay una diferencia, de modo que una vez más el bautismo y la comunión se complementan entre sí. En el bautismo se emplea agua, elemento común a todas las culturas y situaciones. El agua que bebe un indonesio es la misma que beben un mexicano o un húngaro. En cambio, el pan cambia de región en región y de cultura en cultura. Unos usan levadura y otros no. Los franceses comen pan en forma de flautas o "baguettes", los mexicanos en forma de tortillas, y los libaneses en forma de pita. Unos gustan del pan ligero como si fuese espuma, y otros lo prefieren sólido y pesado. Unos creen que ha de ser tostado de tal modo que cruja al masticarlo, y otros lo prefieren elástico. Unos lo hacen de trigo integral, otros de harina refinada, y otros de maíz, centeno o cebada. Todos son panes, pero bien diferentes unos de otros.

Es notable el hecho de que a través de la historia de la iglesia se haya discutido tanto acerca de la forma y sentido del bautismo —si ha de ser por inmersión o no, si solamente han de bautizarse los adultos, etc.— al tiempo que hemos perdido de vista el hecho sencillo y claro de que el bautismo, sea como fuere, se practica siempre con agua, y con la misma agua en todas partes. Por otro lado, también se ha discutido mucho acerca de la comunión —si se ha de usar pan leudado o no, cómo ha de interpretarse la presencia de Cristo en ella, etc.— a la vez que hemos perdido de vista el hecho de que la variedad cultural misma implica variedad en el pan, y la variedad en el pan indica la aceptación de las diversas culturas por parte de Dios.

Quizá sería útil explorar el modo en que la combinación de los dos sacramentos nos señala el camino hacia la unidad cristiana. Hay una sola agua para el bautismo; pero el pueblo bautizado con esa sola agua sirve a Dios con una gran variedad de panes. Tanto el bautismo como la comunión son sacramentos de nuestra unión con Cristo y entre nosotros. Pero uno señala hacia la unión en la gracia recibida de Dios gratuitamente, y el otro hacia la unión en la diversidad misma de los modos en que cultivamos el huerto. El uno nos recuerda nuestra fe común; el otro, al tiempo que nos recuerda esa fe, nos recuerda también nuestra encarnación en la cultura en que vivimos. Ambos son necesarios para que haya verdadera unidad cristiana, pues esa unidad es tal en el origen y en nuestra identidad común, y es también unidad en la misión, en el ir cada quien a nuestro mundo y nuestra cultura para servir allí a Dios.

¿Qué podemos decir, entonces, respecto al culto y su presencia en una cultura concreta, la nuestra, por ejemplo? Uno de los modos en que nos planteábamos la cuestión de fe y cultura hace cincuenta años, cuando, como he expresado en el primer capítulo, me preocupaba tanto esa relación, era la necesidad de que el culto reflejase nuestra cultura. Nos quejábamos así de los himnos traducidos, de la música foránea, de los templos copiados de otros en climas muy diferentes al nuestro, etc.

Fue en medio de esas preocupaciones cuando leí uno de los libros de quien poco después fue mi profesor, el celebérrimo intelectual evangélico Alberto Rembao. Era un pequeño librito bajo el título de *Discurso a la nación evangélica*[14]. Lo que allí proponía Rembao era que debía crearse, y que ya se estaba creando, una cultura evangélica latinoamericana, diferente del resto de la cultura latinoamericana.

En primera instancia, la propuesta de Rembao no me agradó. Yo estaba buscando el modo de encarnar el evangelio en mi cultura latinoamericana, para que no fuese un elemento extraño dentro de esa cultura, y Rembao ahora proponía la formación de una cultura evangélica. Al parecer, lo que aquel librito proponía era una enajenación cultural semejante a la que yo experimentaba y que tanto me dolía. Rembao hablaba de una *nación evangélica* en contraste con el resto de las naciones, y que como toda otra nación esta era «[...] el conjunto de personas que tienen el mismo origen, y hablan la misma lengua, y se ven ligadas por una historia común»[15]. Aún más, Rembao proponía y defendía la tesis de que «[...] hay contradicción, hay abismo conceptual, entre esta cultura evangélica y cualquiera otra cultura de las que licitan en el foro de nuestros días»[16]. Todo esto parecía confirmar y santificar la enajenación cultural que tanto me preocupaba, y por ello no me parecía muy convincente.

Pero no era tan fácil desentenderse de Rembao. No se trataba de un misionero extranjero tratando de decirnos que su cultura era mejor que la nuestra, y que para ser verdaderamente evangélicos había que aceptar su cultura. Se trataba de un patriota mexicano y latinoamericano que había perdido una pierna al militar en las filas de Pancho Villa. Se trataba de un erudito que por años, en sus escritos en la

---

14 Alberto Rembao, *Discurso a la nación evangélica*, México y Buenos Aires: Casa Unida de Publicaciones y La Aurora, 1949.
15 Op. Cit., 9.
16 Ibid., p. 23.

revista *La Nueva Democracia*, había buscado modos en que la fe evangélica se encarnara en la cultura latinoamericana. Se trataba de una de las tres o cuatro personas que por aquel entonces eran los principales portavoces del esfuerzo de ser a la vez radicalmente latinoamericano y radicalmente evangélico.

Por algún tiempo me desentendí del asunto y no volví sobre lo que Rembao proponía en aquel librito. Pero hoy empiezo a comprender que su propuesta sí es factible, que es posible crear —y ya se va creando— una cultura evangélica en nuestro continente, en la cual sus integrantes no sean menos latinoamericanos que los demás.

Para entender esto, se debe volver a lo que decíamos antes sobre el paralelismo entre las culturas y las familias. Una familia no es una entidad cerrada, con límites definidos. En su sentido más amplio, es toda una red de parientes con límites imprecisos: parientes por causa de sangre, de matrimonio y hasta por causa de bautismo. Cuando la familia se entiende de este modo, la mayoría de las personas pertenece a más de una familia, y frecuentemente a tres, cuatro o cinco. Lo mismo sucede con la cultura. Puesto que los límites de esta son imprecisos y las culturas se entrelazan, se mezclan y confunden, es posible y hasta inevitable pertenecer a más de una de ellas, como el yucateco, que es a la vez mexicano y latinoamericano. Luego, nada hay de extraño ni de inaceptable en la idea de que quien es venezolano por nacimiento y cultura, pertenezca al mismo tiempo a una cultura cristiana a la que otros de sus compatriotas no pertenecen.

Esto lo decía ya a mediados del siglo segundo el autor anónimo del *Discurso a Diogneto*:

> Los cristianos, en efecto, no se distinguen de los demás hombres ni por su tierra ni por su habla ni por sus costumbres. Porque ni habitan ciudades exclusivas suyas, ni hablan una lengua extraña, ni llevan un género de vida aparte de los demás [...]. Sino que, habitando

ciudades griegas o bárbaras, según la suerte que a cada uno le cupo, y adaptándose en vestido, comida y demás género de vida a los usos y costumbres de cada país, dan muestras de un tenor particular de conducta, admirable, y, por confesión de todos, sorprendente. Habitan sus propias patrias, pero como forasteros; toman parte en todo como ciudadanos y todo lo soportan como extranjeros; toda tierra extraña es para ellos patria, y toda patria, tierra extraña[17].

Sería difícil encontrar una expresión más bella de la paradoja a que nos enfrentamos al vivir dentro de una cultura cualquiera —en mi caso, la latinoamericana— y también dentro de la cultura cristiana. No se debe olvidar que el siglo segundo fue el tiempo cuando por primera vez el cristianismo tuvo que enfrentarse a persecuciones sistemáticas y generales, y que por tanto los creyentes se veían en la necesidad de reflexionar acerca de su lugar dentro de esa cultura que los perseguía.

Otro documento de esa época señala más fuertemente este contraste entre el cristianismo y las culturas circundantes, como si el cristianismo fuese una nueva cultura o un nuevo pueblo. Se trata de la *Apología de Arístides*. Allí el autor asevera que hay tres grupos humanos: «[...] los adoradores de los entre vosotros llamados dioses, los judíos y los cristianos»[18]. Los primeros —a quienes después se llamó "paganos"— se dividen a su vez en tres grupos: los caldeos, griegos y egipcios. Tras discutir las prácticas religiosas y morales de cada grupo, Arístides llega al cristianismo, cuyo valor y veracidad trata de demostrar describiendo tanto las doctrinas como las prácticas morales de sus seguidores.

---

17 A *Diogneto*, 5.1-2, 4-5, en *Padres apostólicos*, trad. Daniel Ruiz Bueno (Madrid: Biblioteca de Autores Cristianos, 1950), p. 850.
18 *Apología de Arístides*, 2, en Daniel Ruiz Bueno, trad. *Padres apologistas griegos* (Madrid: Biblioteca de Autores Cristianos, 1954), pp. 117-119. (*La Apología* existe en dos versiones, una griega y otra siríaca. La división del género humano que resumo aquí es la de la versión griega. La siríaca difiere en algunos detalles).

Lo que estos textos indican es que en el siglo segundo, cuando la cultura y el gobierno circundantes perseguían al cristianismo, sus seguidores tuvieron que pensar en términos de una cultura de algún modo superior a la del común de las gentes, en términos de ser una nación diferente esparcida entre las naciones. Fue después, cuando el cristianismo fue aceptado por la cultura en general, que se perdió esa distinción. La iglesia fue entonces aceptable, no sólo porque la cultura dominante la aceptó, sino también porque ella misma se moldeó y transformó de tal modo para hacerse aceptable a esa cultura.

Lo que en el siglo XX decía Rembao, siendo evangélico en medio de la cultura latinoamericana, no era que esa cultura fuese peor o menos que otras culturas de su tiempo. Lo que decía era más bien que la iglesia existe en un mundo tal que «[...] hay contradicción, hay abismo conceptual, entre esta cultura evangélica y cualquiera otra cultura de las que licitan en el foro de nuestros días»[19]. Así, Rembao señalaba con voz de profeta a «[...] la anti-cristiandad del orden social, en cuanto explotador y guerrero»[20].

Este es el meollo de la cuestión. No se trata sencillamente de examinar esta o aquella cultura, para ver qué podemos tomar de una o qué debemos rechazar de otra. Se trata más bien de que, no importa el lugar o el tiempo, los creyentes en Jesucristo siempre vivirán al menos en dos culturas: la que los rodea y eso que Rembao llama *cultura evangélica*. En cualquier contexto cultural en que nos encontremos, habrá contradicción entre ese contexto y lo que el evangelio reclama de nosotros. Si no la hay, eso mismo bien puede ser señal de nuestra propia apostasía. Pero, con todo eso, seguiremos viviendo dentro de ese orden cultural "explotador y guerrero". El *cultivo* en nuestras culturas —todas mancilladas por el

---

19 Op. cit., p. 21.
20 Ibíd., p. 33.

pecado— tiende a ser explotador, por cuanto trata tanto a la creación de Dios como al resto de la humanidad como objetos de los cuales debe sacar el mejor provecho posible. De ese cultivo, de sus productos, del modo en que organiza la vida, no podemos librarnos, como el pez no puede librarse del agua. Es más, digámoslo francamente, no queremos librarnos, pues el pecado nos ha corrompido de tal modo, como diría Pablo, que el bien que queremos hacer no hacemos.

En contraste con esas culturas, el *cultivo* del evangelio es de mayordomía, de ser representantes del Dios de amor, del Dios que nos ha creado y perdonado por su sola gracia. ¿Cómo vivir entonces como quienes, al tiempo que participamos de nuestra cultura y su cultivo, pertenecemos también a otro orden de cosas?

Es aquí donde el culto entra en juego. El culto cristiano no es solamente alabar a Dios; no es sólo confesar nuestros pecados y pedirle perdón; no es solamente ofrecerle nuestras ofrendas y sacrificios. El culto cristiano es también anticipo del nuevo orden que esperamos: el del reino de Dios.

Por ello, el culto cristiano normalmente ha girado en torno a esos dos centros discutidos anteriormente, el bautismo y la comunión. Ambos tienen dimensiones escatológicas.

El bautismo marca nuestro injerto en el cuerpo de Cristo. Ya no vivimos nosotros, sino que vive Cristo en nosotros; y lo que ahora vivimos en la carne, lo vivimos en la fe del Hijo de Dios (Gá 2.20). Muertos somos, y nuestra vida está escondida con Cristo en Dios, de tal modo que cuando Cristo, nuestra vida, se manifieste, nosotros también seremos manifestados en gloria (Col 3.3-4). Somos parte del cuerpo resucitado de Jesucristo. Al tiempo que seguimos viviendo en el presente, vivimos en su futura gloria. Esto lo expresó Ireneo —aquel pastor del siglo segundo a quien ya me he referido— diciendo que si vemos que la cabeza de alguien a quien creíamos muerto se levanta, sabemos que el muerto vive, aunque el resto de su cuerpo no lo manifieste todavía. Así también, nuestra Cabeza se ha levantado, ha resucitado; y nosotros vivimos en él, aunque todavía esa vida no se manifieste en plenitud.

¿Y qué decir de la comunión? Tristemente, a través de las edades los cristianos nos hemos enfrascado en una serie de debates acerca de cómo ha de celebrarse, cómo ha de servirse y cómo es que Jesucristo está presente en ella. En medio de esos debates, hemos perdido de vista la dimensión escatológica —la dimensión de esperanza— de la comunión. La comunión apunta hacia el reino venidero. Ya lo dijo el mismo Jesús: [...] *no beberé de este fruto de la vid desde ahora en adelante, hasta el día en que beba con ustedes el vino nuevo en el reino de mi Padre* (Mt 26.29). Y Pablo lo corrobora: [...] *cada vez que comen este pan y beben de esta copa, proclaman la muerte del Señor hasta que Él venga* (1Co 11.26). La comunión es memoria del Señor; pero no sólo memoria de su pasión y muerte; es también memoria de su resurrección y su regreso.

Luego, al participar del culto cristiano nos capacitamos y practicamos y fortalecemos como parte de esa *cultura evangélica* a que se refería Rembao, siempre extraña y peregrina en toda otra cultura.

Pero no nos engañemos. Lo que celebramos y anticipamos no es la desaparición de las culturas, sino su redención final: el hacer de todas ellas medio de culto al Altísimo. Jesús lo anunció: *Habrá quienes lleguen del oriente y del occidente, del norte y del sur, para sentarse al banquete en el reino de Dios* (Lc 13.29). Y así lo declara Juan, el vidente de Patmos:

> Después de esto miré, y apareció una multitud tomada de todas las naciones, tribus, pueblos y lenguas; era tan grande que nadie podía contarla. Estaban de pie delante del trono y del Cordero, vestidos de túnicas blancas y con ramas de palma en la mano. Gritaban a gran voz; "¡La salvación viene de nuestro Dios, que está sentado en el trono, y del Cordero!".
> 
> Apocalipsis 7.9–10

Lo que esperamos quienes creemos en Jesucristo no es el día en que desaparezcan las distinciones culturales, ni las diversas lenguas, ni los pueblos o las naciones, sino el día en que todos juntos —naciones, tribus, pueblos y lenguas— podamos cantar las alabanzas del que está sentado sobre el trono, y del Cordero.

Y mientras esperamos, en el culto lo anticipamos y nos ejercitamos en ello. Nos preparamos en medio de nuestra cultura y, mientras, participamos del cultivo que nos proporciona la vida física. Porque el culto, la cultura y el cultivo son dones de Dios.

Y a ese Dios, santo, amante y Trino, sea la gloria, el imperio y la potencia, ahora y por siempre jamás. ¡Amén!

# Otras publicaciones de EDICIONES PUMA

**CONOCERÁN LA VERDAD**
Un manual para la fe cristiana
*Bruce Milne*

**PENTECOSTALISMO Y MISIÓN INTEGRAL**
Teología del Espíritu, teología de la vida
*Darío López R.*

**EL LIDERAZGO DE JESÚS**
Principios de una vida exitosa
*Jim Coté*

**LIBRES DE LA TIRANÍA DE LA URGENCIA**
*Charles E. Hummel*

**PROBAD LOS ESPÍRITUS**
*Elizabeth L. Hillstrom*

Se imprimió en Setiembre de 2008
en los talleres de Impresos CIMK S.A.C.
Av. Brasil 1565 - Jesús María
Lima, 11- Perú